Thomas Klie
Uwe Lörcher

Gefährdete Freiheit
Fixierungspraxis in Pflegeheimen und Heimaufsicht

Thomas Klie
Uwe Lörcher

Gefährdete Freiheit

Fixierungspraxis in Pflegeheimen
und Heimaufsicht

Mit Beiträgen von
Renate Behr, Martin Bischof, Michael Klas,
Ursula Koch-Straube, Bärbel Siegrist,
Margret Stein und Stefan Wolff

Lambertus

Diese Veröffentlichung erfolgt im Auftrag des Ministeriums für Arbeit, Gesundheit und Sozialordnung Baden-Württemberg.

Die Deutsche Bibliothek – CIP-Einheitsaufnahme

Klie, Thomas:
Gefährdete Freiheit : Fixierungspraxis in Pflegeheimen und Heimaufsicht / Thomas Klie ; Uwe Lörcher. Mit Beitr. von Renate Behr ... – Freiburg im Breisgau: Lambertus, 1994
ISBN 3-7841-0745-1
NE: Lörcher, Uwe:

© 1994, Lambertus Verlag, Freiburg im Breisgau
Umschlaggestaltung: Christa Berger, Solingen
Umschlagfoto: Uwe Stratmann, Wuppertal
Satz: Rhema – Tim Doherty, Stephan Schneider GbR, Münster
Druck: Franz X. Stückle, Ettenheim
ISBN 3-7841-0745-1

Inhalt

Vorwort

Freiheitsentziehende Maßnahmen gehören zum Alltag im Pflegeheim. Wie verbreitet sie sind, das konnte bislang mit einiger Verläßlichkeit nicht gesagt werden. Die alltäglichen Unfreiheiten, die rechtlich als freiheitsentziehende und -beschränkende Maßnahmen einzustufen sind, haben ein unterschiedliches Gesicht und werden von vielen als solche gar nicht wahrgenommen: Gefährdete Freiheit! Die alltäglichen Unfreiheiten zu verringern, ist Aufgabe aller Beteiligten, im Alltag der Pflege, in der Verantwortung als Arzt, in der Rolle des Beistandes, die den Betreuern nach neuem Recht zukommt und der Vormundschaftsgerichte als für die Rechtsschutzverfahren Verantwortlichen. Die Verringerung der alltäglichen Unfreiheiten ist damit ein Gemeinschaftsprojekt, das nur als solches gelingen kann. Von dieser Idee sind auch die Aktivitäten des Sozialministeriums in Baden-Württemberg bestimmt, die mit einer „Arbeitshilfe über pflegerische und rechtliche Aspekte in der Betreuung psychisch kranker älterer Menschen" einen Beitrag in diesem Sinne leisten wollte, durch Aufklärung, Information über rechtliche Maßstäbe und das Aufzeigen fachlicher Alternativen zu freiheitseinschränkenden Pflegepraktiken. Als „Agentur für Menschen- und Bürgerrechte in Heimen" kommt der Heimaufsicht eine besondere Verantwortung für die alltäglichen Freiheiten der Heimbewohner zu. Tatsächlich fristet die Heimaufsicht in vielen Bundesländern in Deutschland ein Schattendasein. Dies wird ihrer Aufgabe und Verantwortung nicht gerecht. Darum hat sich das baden-württembergische Sozialministerium in den letzten Jahren wiederholt bemüht, die Heimaufsicht zu stärken und zu qualifizieren. Ob und wie dies im Hinblick auf den heimrechtlich relevanten Sachverhalt „freiheitsentziehende Maßnahmen in Heimen" gelingen kann, davon ist in diesem Buch die Rede. Es dokumentiert ein praxisorientiertes Forschungsprojekt, das erstmals in der Bundesrepublik das Ausmaß freiheitsentziehender Maßnahmen im Alltag der Pflegeheime erhoben und zum anderen die Arbeit der Heimaufsicht in Baden-Württemberg analysiert, exemplarisch Konzepte zur Qualifizierung entwickelt und in ihrer Erprobung dokumentiert hat.
Dieses Buch will sowohl für Verantwortliche in der stationären Alten-

hilfe als auch für die Bediensteten der Heimaufsichtsbehörden Analysen, Interpretationen und Hilfestellungen bieten, die insgesamt der Etablierung und Unterstützung „fixierablehnender Milieus" in Pflegeheimen dienen soll.

Diese Studie wäre ohne die große Offenheit, die ungewöhnliche Reflektionsbereitschaft und das große Engagement der an der Studie beteiligten Behördenmitarbeiter, insbesondere in Mannheim, nicht zustande gekommen. Ihnen, den Heimleitungen und den Pflegekräften der städtischen Heime in Mannheim, gilt unser besonderer Dank. Das baden-württembergische Sozialministerium hat diese Studie initiiert und finanziert. Über die vertrauensvolle Kooperation zwischen Ministerium und Fachhochschule als Institution praxisorientierter Forschung sind wir sehr froh. Besonderer Dank gilt Susanne Eisenmann, die die umfangreichen Arbeiten an den unterschiedlichen Fassungen des Manuskriptes besorgte.

Freiburg, im August 1994   Thomas Klie

Einführung

Heimaufsicht und Fixierung – zwei Untersuchungsgegenstände hat(te) das Projekt bzw. die Studie, die in diesem Buch dokumentiert wird. In der Einführung skizzieren wir das Thema „Fixierung in der Altenpflege" und seine Relevanz für die Fachdiskussion in der Altenpflege. Sodann stellen wir die Anlage der Studie (siehe Abbildung 2, S. 14) und die einzelnen Schritte der Untersuchung vor: Die Heimaufsichtsbehörden in Baden-Württemberg wurden hinsichtlich ihrer Ausstattung und Aufgabenwahrnehmung befragt (Kapitel 1). Die Behörde eines Stadtkreises berieten wir und erprobten mit ihr gemeinsam neue Handlungsformen als Heimaufsichtsbehörde (Kapitel 2). Im Mittelpunkt der Studie stehen jedoch die Fixierungen, ihr Ausmaß, ihre Hintergründe und Möglichkeiten, auf sie zu verzichten (Kapitel 3 bis Kapitel 6).

Es sind gerade zehn Jahre her, daß das Thema „Fixierung" in der Altenpflege in der fachlichen und juristischen Diskussion erstmals ausführlicher diskutiert und problematisiert wird (Klie 1983, S. 546 ff.). Mit einem gewissen timelag gegenüber der Psychiatriediskussion wurden Fragen der Freiheitsrechte von Heimbewohnern [1] zum Thema. Aufsichtsbehörden und Gerichte haben sich nur sehr zögerlich der Thematik genähert. Die Untersuchung zum „fürsorglichen Zwang" (von Eicken/Ernst/Zenz 1990) befaßte sich erstmals umfassender mit der Bedeutung von Zwangsmaßnahmen im Alltag der Pflegeheime und der Legitimation für derartige Maßnahmen.

Erst durch das *Betreuungsgesetz* (in Kraft seit 1992) wurden freiheitsentziehende Maßnahmen in Heimen in ihrer rechtlichen Relevanz von allen Beteiligten mehr oder weniger akzeptiert. § 906 Abs. 4 BGB stellt unterbringungsähnliche Maßnahmen unter den besonderen gerichtlichen Schutz und verlangt die richterliche Genehmigung entsprechender Maßnahmen in Pflegeheimen. Ziel des Gesetzgebers war es, die als zuviel, zu häufig und im Grunde vermeidbar eingestuften

---

[1] Wir verwenden im folgenden für die Bezeichnung der Fachkräfte wie auch der Pflegebedürftigen der besseren Lesbarkeit wegen durchgängig die männliche Formulierung.

11

freiheitsentziehenden Maßnahmen in Heimen abzusenken. Seitens der Justiz wurde nicht zu Unrecht befürchtet, daß sie mit einer Flut von Genehmigungsverfahren zu rechnen hätten, wenn das neue Gesetz in Kraft tritt und sich die rechtliche Relevanz von Bettgittern, Fixierungen und Bauchgurten endgültig „herumspricht".

Um derartige Effekte des Betreuungsgesetzes vorzubeugen und dem Anliegen des Gesetzgebers Rechnung zu tragen, mit dem Betreuungsrecht ein Beitrag zur Humanisierung der Pflegeheime zu leisten, hat sich das Sozialministerium in Baden-Württemberg entschlossen, den Heimen und den Heimaufsichtsbehörden eine umfassende Information fachlicher und rechtlicher Art zum Problemkreis freiheitsentziehender Maßnahmen zur Verfügung zu stellen. Diese Information wurde gemeinsam von Praktikern, Fachleuten aus unterschiedlichen Disziplinen und Institutionen erarbeitet. Ergebnis der Beratung ist eine bundesweit beachtete *Arbeitshilfe mit dem Titel „Pflegerische Aspekte und rechtliche Anforderungen beim Umgang mit Verwirrten und psychisch kranken Menschen im Heim"* (siehe Abbildung 1).

Anliegen des Sozialministeriums war es, die Heime und ihre Mitarbeiter über die neue Rechtslage zu informieren, den Heimaufsichtsbehörden eine qualifizierte Beratung in mit Freiheitsentziehung verbundenen Fragen zu ermöglichen und insgesamt einen Beitrag dazu zu leisten, das fachliche und humane Anliegen, das hinter dem Betreuungsrecht steht, mit überwiegend fachpflegerischen und medizinischen Hinweisen zur Problematik freiheitsentziehender Maßnahmen konstruktiv zu unterstützen.

Welche *Wirkungen* würde nun eine solche Arbeitshilfe entfalten? Erreicht sie die Mitarbeiter im Heim, hilft sie die Sensibilität aller Beteiligten zu erhöhen und trägt sie zu einer verbesserten Kooperation aller Beteiligen bei? Derartige Fragen nach der Wirkung der Arbeitshilfe und dem Umgang der Heimaufsicht mit der für sie neuen Fragestellung „freiheitsentziehende Maßnahmen" sollten näher untersucht werden. Die in diesem Buch dokumentierte Studie ist das Ergebnis dieser vom Sozialministerium initiierten Wirkungsanalyse.

Die Studie sollte sich nicht allein auf die „Evaluation der Arbeitshilfe" beschränken. Sie sollte zugleich die *Arbeitsweise der Heimaufsicht* in Baden-Württemberg näher betrachten und *Vorschläge für eine Qualifizierung der Heimaufsicht* entwickeln. Ebenso galt es, das *Ausmaß freiheitsentziehender Maßnahmen* in der stationären Altenhilfe

Abbildung 1: Arbeitshilfe des Landesministeriums

Pflegerische Aspekte
und rechtliche Anforderungen
beim Umgang mit verwirrten
und psychisch kranken Menschen
im Heim

Arbeitshilfe

festzustellen sowie die *Hintergründe für freiheitsentziehende Maßnahmen* im Heimalltag zu erkennen und gleichzeitig *Effekte von Informationsveranstaltungen, Supervisionen und Fortbildungen* auf das
Ausmaß freiheitsentziehender Maßnahmen nachzuzeichnen. Das Projekt gliederte sich entsprechend in drei Teile (siehe Abbildung 2):

Abbildung 2: Design der Evaluationsstudie

1. EBENE: HEIMAUFSICHTSBEHÖRDEN IN BADEN-WÜRTTEMBERG

Praxis-Information-Problemerörterung
a) Fortbildungsveranstaltungen des Sozialministeriums in den
vier Regierungsbezirken
b) parallele Befragung aller 44 Heimaufsichtsbehörden in
Baden-Württemberg zur Ausstattung und Aufgabenwahrnehmung

2. EBENE: HEIMAUFSICHTSBEHÖRDE EINES KREISES

Analyse der Heimaufsichtspraxis, teilnehmende Beobachtung
Aktenanalysen der Begehungsprotokolle
Einrichtung einer Arbeitsgruppe
Konzeptentwicklung (Beratung, Fortbildung, Marketing)
Erprobung der neuen Handlingsformen

3. EBENE: PFLEGEHEIME – GERONTOPSYCHIATRIE

Teilnehmende Beobachtung, Befragung zur Praxis
Stichtagserhebungen über die Häufigkeit freiheitsentziehender
Maßnahmen
Information für MitarbeiterInnen, Fortbildungen
Supervision
Befragung/Stichtagserhebung zur veränderten Praxis

---

(1) *Heimaufsichtsbehörden in Baden-Württemberg*: In einem ersten
Teil wurden alle Heimaufsichtsbehörden schriftlich hinsichtlich ihrer
Ausstattung und Aufgabenwahrnehmung befragt und speziell gebe-

ten, ihre Sicht und Praxis im Hinblick auf freiheitsentziehende Maßnahmen zu erläutern. Auf diese Weise konnte dargestellt werden,
wie es mit der Ausstattung der Heimaufsicht in Baden-Württemberg bestellt ist. Ebenso konnten auch Aussagen über die Aufgabenwahrnehmung gemacht werden (Kapitel 2). In vier Fortbildungsveranstaltungen für alle Bediensteten der Heimaufsicht und der staatlichen Gesundheitsämter wurden Informationen über den Problemkreis „freiheitsentziehende Maßnahmen" vermittelt – Informationen
sowohl rechtlicher als auch medizinischer und pflegerischer Art. Gemeinsam wurden konzeptionelle Überlegungen angestellt, wie die
Heimaufsicht, gegebenenfalls auch durch neue Handlungsformen, auf
den Problemkreis „freiheitsentziehende Maßnahmen" reagieren kann.
Das Thema „freiheitsentziehende Maßnahmen" sollte auf diese Weise
den Heimaufsichtsbehörden noch einmal nahe gebracht, ihnen die
Möglichkeit der fachlichen Information gegeben und Raum für die
Entwicklung strategischer und konzeptioneller Überlegungen angeboten werden.

(2) *Heimaufsichtsbehörde eines Kreises*: Die Behörde eines Stadtkreises in Baden-Württemberg wurde intensiver untersucht und begleitet. Ziel war es, neue konzeptionelle Überlegungen über die Aufgabenwahrnehmung der Heimaufsichtsbehörden zu entwickeln und
sie exemplarisch über einen begrenzten Zeitraum zu erproben. Hierzu
wurde zunächst die Heimaufsichtsarbeit dieser Behörde intensiver untersucht, sowohl mit Hilfe einer Aktenanalyse als auch durch teilnehmende Beobachtung und Gruppendiskussion zwischen Normadressaten und Heimaufsichtsbehörden. Auch hier stand im Mittelpunkt der
Untersuchung der Umgang mit freiheitsentziehenden Maßnahmen.
Exemplarisch wurden neue Wege in der Heimaufsichtsarbeit entwik-
kelt und erprobt: So wurde eine Pflegefachkraft an der Heimaufsicht in einem begrenzten Zeitraum beteiligt. Es wurden ein Arbeitskreis zum Problemkreis „freiheitsentziehender Maßnahmen", beste-
hend aus Vertretern von Heimen, Verbänden und Pflegemitarbeitern,
installiert und neue Formen der Öffentlichkeitsarbeit wie etwa eigene
Veranstaltungen der Heimaufsichtsbehörde erprobt. Dieser Teil der
Studie ermöglichte den Blick „hinter die Kulissen" einer Heimaufsichtsbehörde (Kapitel 3). Die knappen Ressourcen, die strukturellen Schwierigkeiten aber auch Chancen, die für zahlreiche Heimaufsichtsbehörden in ähnlicher Weise bestehen, konnten auf diese Weise

exemplarisch dargestellt werden. Die „neuen Wege" mögen anderen Behörden Anhaltspunkte und Anregungen für die Weiterentwicklung der eigenen Arbeit geben (Kapitel 6).

(3) *Freiheitsrechte in Pflegeheimen*: Wiederum exemplarisch wurde die Wirklichkeit der Pflegeheime unter dem Blickwinkel „freiheitsentziehende Maßnahmen" näher untersucht: Erstmalig in der Bundesrepublik konnte so das Ausmaß freiheitsentziehender Maßnahmen im Pflegealltag dargestellt werden. Zu diesem Zweck wurde bei einem großen Heimträger eine Stichtagserhebung im Wege der Selbstauskunft von Stationsleitungen durchgeführt. Alle freiheitsentziehenden und -beschränkenden Maßnahmen sollten angegeben werden. Auf zwei ausgewählten Pflegestationen wurde der Pflegealltag mit Hilfe von teilnehmender Beobachtung näher untersucht. So konnte ein realistisches Bild von der Verbreitung und der Art der freiheitsentziehenden Maßnahmen aufgezeichnet werden (Kapitel 4). Es sollte aber nicht bei dieser Bestandaufnahme bleiben, vielmehr galt es geeignete Maßnahmen zu erproben, die zur Verringerung freiheitsentziehender Maßnahmen beitragen können. So wurden Fortbildungsveranstaltungen zum Themenkreis „freiheitsentziehende Maßnahmen" angeboten, Supervisionen während der Dienstzeit durchgeführt und ein spezielles Pflegedokumentationsblatt eingeführt. Die Fragestellung lautete: Läßt sich durch Information, Fortbildung, Supervision und Dokumentation das Ausmaß freiheitsentziehender Maßnahmen beeinflussen? Darüber hinaus interessierte, welche Hintergründe für freiheitsentziehende Maßnahmen sichtbar werden würden. In einer zweiten Stichtagserhebung nach Durchführung der genannten Angebote wurde wiederum das Ausmaß freiheitsentziehender Maßnahmen erfragt, so daß etwaige Effekte nachgezeichnet und allgemeine Trends sichtbar gemacht werden konnten (Kapitel 5).

Alle Arbeitsschritte und Untersuchungsmethoden wurden ausführlich mit den Vertretern der Heimaufsichtsbehörden besprochen und zum Teil gemeinsam entwickelt. Das Projekt wurde von dem großen Interesse aller Beteiligten und der Unterstützung der jeweiligen Leitungsebene getragen. Die Studie wurde im Selbstverständnis praxisorientierter Versorgungsforschung konzipiert, die sich der Weiterentwicklung sozialer Praxis verpflichtet weiß.

In den folgenden Kapiteln werden nun die Ergebnisse dokumentiert. Es handelt sich dabei um eine gekürzte, zusammengefaßte und sprachlich überarbeitete Fassung der unterschiedlichen Berichtsteile zu den einzelnen Projektabschnitten. Auf die Reflexion des methodischen Vorgehens wurde in der Darstellung verzichtet. Die Ausführungen richten sich an Praktiker in Behörden und der stationären Altenhilfe. Es geht hier nicht vornehmlich um den wissenschaftlichen Ertrag dieser rechtstatsächlichen Studie, sondern primär um den Nutzen für die Praxis.

1. Kapitel
Heimaufsicht Baden-Württemberg – eine
Bestandsaufnahme

Die Heimaufsicht ist in jedem Bundesland anders organisiert: in
Baden-Württemberg wird sie von den Land- und Stadtkreisen als untere Landesbehörde wahrgenommen. Hinzugezogen wird regelmäßig
das staatliche Gesundheitsamt. Zunächst wird dargestellt, wie die
Heimaufsicht in Baden-Württemberg tatsächlich ausgestattet ist (Abschnitt 2.) und wie sie arbeitet (Abschnitt 3. und Abschnitt 4.). Grundlage für diesen Report bildet eine schriftliche Befragung aller Heimaufsichtsbehörden in Baden-Württemberg.

1. Vorbemerkung

Alle 44 Heimaufsichtsbehörden in Baden-Württemberg wurden im
Rahmen der Studie schriftlich hinsichtlich ihrer Ausstattung, der zu
beaufsichtigenden Heime und der durchschnittlichen Begehungshäufigkeit befragt. Der Rücklauf war sehr gut: Alle Heimaufsichtsbehörden und beteiligten Gesundheitsämter antworteten, so daß ein
vollständiger Überblick über die Ausstattung der Heimaufsichtsbehörden in Baden-Württemberg vorliegt – allerdings mit gewissen
Unsicherheiten, die in einer Selbstauskunft der befragten Bediens-
ten begründet liegen. Im folgenden sollen wesentliche Ergebnisse, die
für ganz Baden-Württemberg von Bedeutung sind, vorgestellt, interpretiert und diskutiert werden. Bewußt erfolgt keine auf die einzelnen
Kreise bezogene Darstellung: nicht Kritik an der einzelnen Heimaufsichtsbehörde, sondern eine Übersicht über die Heimaufsichtsland-
schaft insgesamt ist Gegenstand der *Bestandsaufnahme*.

Insgesamt sind 172 *Bedienstete* aus Kreisverwaltung und staatlichen Gesundheitsämtern mit der Aufgabe der *Heimaufsicht* befaßt, 67 aus den Ordnungsämtern, 105 aus den staatlichen Gesundheitsämtern (siehe Abbildung 3, S. 20). Diese Zahlen wirken recht hoch und weisen aus, wieviele Bedienstete sich mit den zum Teil schwierigen Fragen heimrechtlicher Art zu befassen haben. Je Kreis sind im Durchschnitt drei Mitarbeiter an Fragen der Heimaufsicht bzw. an der Durchführung der Aufsicht beteiligt. Während in den Ordnungsämtern überwiegend Mitarbeiter aus dem gehobenen Dienst federführend die Aufgabe der Heimaufsicht wahrnehmen, sind in den Gesundheitsämtern fast ausschließlich Bedienstete aus dem höheren Dienst mit der Heimaufsicht betraut.

Für fast alle Bediensteten ist die Heimaufsicht nur *eine Aufgabe neben anderen*: In den Ordnungsämtern reicht die Verteilung bezüglich des Arbeitsanteils von 5 bis 100 % und liegt im Schnitt bei 25 %. Die Aufgabe Heimaufsicht macht für die Bediensteten der staatlichen Gesundheitsämter 2 bis 40 % ihrer gesamten Arbeit aus, im Schnitt 13, 5 %. Bei einer Umrechnung der Arbeitsanteile auf Vollzeitäquivalente ergibt sich folgendes Bild: 15 Vollzeitäquivalente für Aufgaben der Heimaufsicht finden wir in Baden-Württemberg insgesamt bei den Ordnungsämtern, 8,56 an den Gesundheitsämtern, d.h. 23,6 ganze Stellen sind rechnerisch Aufgaben nach dem Heimgesetz in Baden-Württemberg gewidmet.

Zusammengefaßt ergibt sich folgendes Bild:

(a) Im Regelfall stellt die Heimaufsicht für die Bediensteten eine Aufgabe unter anderen dar, zumeist mit einem geringeren Arbeitsanteil gegenüber anderen übertragenen Aufgaben.

(b) Die Unterschiede zwischen den Kreisen bezüglich der Ausstattung der Heimaufsichtsbehörden sind erheblich. Hieraus ist zu schließen, daß die Kreise (als untere Landesbehörde) den Aufgaben nach dem Heimgesetz ein unterschiedliches Gewicht beimessen, da die Ausstattung nicht positiv zu der Anzahl der Heime oder Heimplätze in dem jeweiligen Kreis korreliert.

(c) Während in den Heimaufsichtsbehörden Mitarbeiter des gehobenen Dienstes dominieren, sind seitens der Gesundheitsämter fast

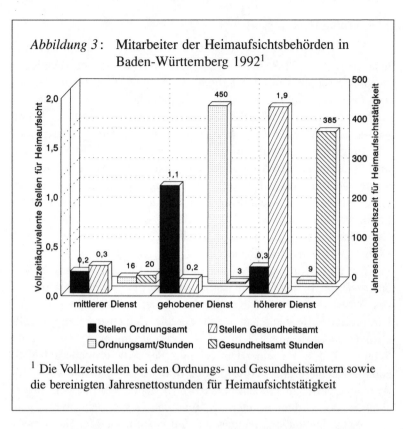

Abbildung 3: Mitarbeiter der Heimaufsichtsbehörden in Baden-Württemberg 1992[1]

[1] Die Vollzeitstellen bei den Ordnungs- und Gesundheitsämtern sowie die bereinigten Jahresnettostunden für Heimaufsichtstätigkeit

ausschließlich Ärzte beteiligt, das heißt Bedienstete aus dem höheren Dienst.

Im Vergleich zu der Ausstattung und Organisation der Aufgaben nach dem Heimgesetz *in anderen Bundesländern* gehört Baden-Württemberg zu den relativ schlechter ausgestatteten Ländern. Die Ansiedlung der Heimaufsicht bei den Ordnungsämtern ist im Bundesvergleich eher unüblich (Klie/Titz 1993, S. 7 ff.), ebenso das fast vollständige Fehlen von Fachmitarbeitern, Sozialarbeitern und Pflegekräften für den Aufgabenbereich „Heimgesetz".

Einige *Fragen* ergeben sich aus den referierten Ergebnissen: So die Frage, welche Bedeutung der Heimaufsicht tatsächlich als „Aufgabe unter anderen" sowohl seitens der Mitarbeiter als auch seitens der Vorgesetzten beigemessen wird, welche Aufgaben etwa prioritär bearbeitet und welche hintangestellt werden. Es liegt nahe, daß die Bediensteten interne Prioritäten setzen, je nach innerbehördlicher und öffentlicher Aufmerksamkeit für die Aufgaben nach dem Heimgesetz, nach Ausbildungsgrad und Kenntnissen sowie persönlichem Engagement in diesem Bereich und gelingender oder nicht gelingender Kooperation mit den Normadressaten, den Heimträgern. Der Umfang der Arbeit als Heimaufsicht hängt stark von den eigenständigen Aktivitäten der Bediensteten ab. Bei rein reaktiver Tätigkeit bleibt der Arbeitsaufwand gering. Ein Konflikt scheint in der obligatorischen Zusammenarbeit zwischen Ordnungsamt als Heimaufsichtsbehörde und staatlichem Gesundheitsamt, das in Amtshilfe hinzugezogen wird, angelegt: Er liegt nicht nur in der Zuordnung zu unterschiedlichen Behörden, sondern auch in der Zugehörigkeit an verschiedenen Laufbahngruppen der beteiligten Bediensteten.

3. 40 MINUTEN ZEIT P. A. FÜR JEDEN HEIMBEWOHNER?

Die Heimaufsichtsbehörden in Baden-Württemberg sind für etwa 1 100 Heime mit insgesamt 86 310 Plätzen (siehe Abbildung 4, S. 22) zuständig. Errechnet man mit Hilfe der durchschnittlichen Nettoarbeitszeit der Bediensteten die *Arbeitszeitressourcen*, die den jeweiligen Heimaufsichtsbehörden je Heim zur Verfügung stehen, so kommt man rechnerisch auf etwa 35 Stunden p. a., die jedem Heim an Mitarbeiterstunden im Rahmen der Heimaufsicht gewidmet werden könnten. Auf den einzelnen Heimbewohner entfallen rechnerisch 40 Minuten p. a. Diese Zahlen geben an, welche Zeiten potentiell bei gleichmäßiger Verteilung sowohl der Heime als auch der Arbeitszeitressourcen für die jeweiligen Einrichtungen zur Verfügung stehen. Schaut man genauer hin, so ergibt sich bei einer Gegenüberstellung von Ressourcen der Heimaufsichtsbehörden und Anzahl der Heime in einzelnen Kreisen ein ausgesprochen unterschiedliches Bild: Von 6 bis 200 Stunden (rechnerischer) Arbeitszeit pro Heim reicht die Streuung bei Auswertung der Arbeitszeitangaben in der Befragung der Heimaufsichtsbehörden.

Faßt man diesen Befund zusammen, so tritt einerseits die *Unterschiedlichkeit* zwischen den Kreisen noch stärker zu Tage. Andererseits macht sich angesichts der durchaus überraschenden Zeitressour-

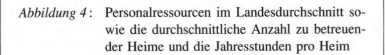

Abbildung 4 : Personalressourcen im Landesdurchschnitt sowie die durchschnittliche Anzahl zu betreuen-
der Heime und die Jahresstunden pro Heim

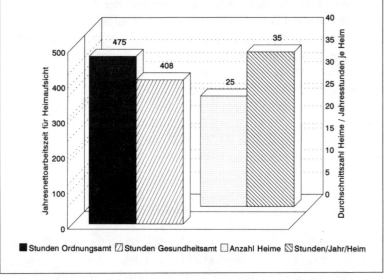

cen Ernüchterung breit, wenn mitbedacht wird, daß jeweils mehrere
Mitarbeiter mit ihrem jeweiligen Arbeitszeitanteil in den 35 Stunden
je Heim enthalten sind, Abstimmungs- und Koordinationsaufwand
inklusive.

Die Frage, die sich aus diesen vorsichtig zu interpretierenden Zahlen ergibt, geht in die Richtung Behördenorganisation: Ist es einer
effektiven Aufgabenerfüllung dienlich, mehrere Behörden und eine
Vielzahl von Bediensteten an der Aufgabe Heimaufsicht zu beteiligen?

4. HEIMAUFSICHT – EIN SELTENER GAST

Die Heime Baden-Württembergs werden im Schnitt seltener als alle
zwei Jahre im Rahmen der *Nachschau* nach § 9 HeimG besucht.
Dies ist nicht gerade eben häufig und die Heimaufsichtsbehörden
unterschreiten damit Erwartungen, die der Gesetzgeber an die Auf-

gabenerledigung knüpfte. Interessant ist nun, daß die festgestellte Besuchshäufigkeit, als Indikator für die Intensität der Aufgabenwahrnehmung der Heimaufsicht insgesamt gewertet, nicht mit den örtlichen Personalressourcen korreliert. Die vorliegenden Zahlen weisen auf, daß in zahlreichen Kreisen mit ungünstiger Personalausstattung ein häufigerer Besuchsintervall festzustellen ist als in einigen Kreisen mit wesentlich günstigerer Personalausstattung. Auch hier zeigen sich in den Befunden (siehe Abbildung 5) erhebliche *Unterschiede* sowohl zwischen den Regierungsbezirken als auch zwischen den Kreisen.

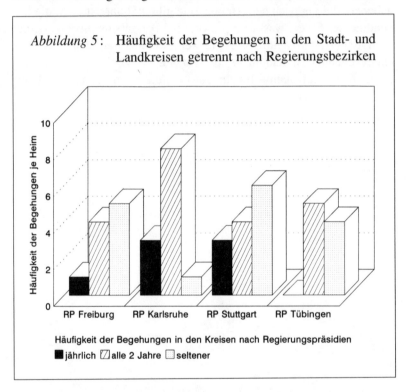

Abbildung 5: Häufigkeit der Begehungen in den Stadt- und Landkreisen getrennt nach Regierungsbezirken

Häufigkeit der Begehungen je Heim

RP Freiburg RP Karlsruhe RP Stuttgart RP Tübingen

Häufigkeit der Begehungen in den Kreisen nach Regierungspräsidien
■ jährlich ▨ alle 2 Jahre ☐ seltener

Hingewiesen sei noch darauf, daß für eine Heimbegehung im Durchschnitt etwa 20 Arbeitszeitstunden (inklusive Vorbereitung) für die Gesamtkommission anzusetzen sind.

Im Vergleich zu den Heimaufsichtsbehörden *anderer Bundesländer* ist – bezogen auf die Nachschautätigkeit – die Praxis in Baden-Württemberg als nicht untypisch zu werten, wenngleich auch hier Baden-

Württemberg eher zu den Bundesländern gehört, die sich durch eine geringere Nachschautätigkeit auszeichnen. Eine Städteumfrage, die 1992 durch die Stadt Münster durchgeführt wurde, ergab, daß das regelmäßige Nachschauintervall der Heimaufsichtsbehörden von drei Monaten bis zu vier Jahren reicht. In einigen Bundesländern sind einjährige, in anderen zweijährige Intervalle üblich (Stadt Münster 1993, S. 35 ff.).

Die hier zu diskutierenden Ergebnisse legen einerseits nahe, daß es einen erheblichen persönlichen Freiraum für die Gestaltung der Aufgabenerledigung nach dem Heimgesetz gibt und unterstreicht die Bedeutung der Frage, was denn prioritär bei Aufgabenkollision erledigt wird. Ebenso wird deutlich: Es gibt keine verankerten Standards, trotz entsprechender Bemühungen des zuständigen Ministeriums für eine einheitliche Aufgabenwahrnehmung, zumindestens unter quantitativem Blickwinkel.

2. Kapitel
Heimaufsicht und freiheitsentziehende Maßnahmen

Inwieweit gehen Heimaufsichtsbehörden freiheitsentziehende Maßnahmen an (Abschnitt 1.) – für die Genehmigung sind doch die Vormundschaftsgerichte zuständig (Abschnitt 1. und Abschnitt 6.) –, und was tun sie tatsächlich (Abschnitt 2.)? Warum wird nach Ansicht der Behörden in Heimen häufiger zu freiheitsentziehenden Maßnahmen gegriffen (Abschnitt 3. und Abschnitt 5.) und welchen Einfluß hat die Heimaufsicht hier auf die Heime (Abschnitt 4.)? Die sich auf diese Fragen beziehenden Ergebnisse der schriftlichen Befragung aller Heimaufsichtsbehörden werden in diesem Kapitel darstellt und interpretiert.

1. Heimrechtliche Relevanz

Der Schutz von Interessen und Bedürfnissen der Heimbewohner vor Beeinträchtigung und die Gewährleistung einer qualitätsgesicherten Pflege gehörten zu den Aufgaben der Heimaufsichtsbehörden. Freiheitsentziehende Maßnahmen sind in jedem Fall für die Betroffenen belastend. Ungerechtfertigte Maßnahmen stellen sich als heimrechtswidrige Zustände dar, auf die Heimaufsichtsbehörden zu reagieren haben (Dahlem/Giese/Igl/Klie Heimgesetz § 6 Rn. 22.3.). Damit ist kursorisch der Aufgabenbezug der Heimaufsicht zum Phänomen freiheitsentziehender Maßnahmen heimrechtlich hergestellt, auch wenn es sich bei dem Terminus „freiheitsentziehende Maßnahmen" nicht um einen heimrechtlichen handelt und vorrangig durch das Betreuungsgesetz die Maßstäbe für das rechtliche Handling gesetzt wurden.

Welche Bedeutung nimmt nun der Problemkreis „freiheitsentziehender Maßnahmen" für die Heimaufsichtsbehörden in ihrer Wahrnehmung und Praxis ein? Dies wurde in einem Fragebogen sowie auf Fortbildungsveranstaltungen für die Heimaufsichtsbehörden thematisiert. Die Ergebnisse und Einschätzungen sind in den folgenden Abschnitten zusammengefaßt.

2. HEIMAUFSICHT KONTROLLIERT FIXIERUNGEN

Nicht zuletzt durch das neue Betreuungsgesetz aber auch im Zusammenhang mit den Aktivitäten des Sozialministeriums (Arbeitshilfe) hat das Thema „freiheitsentziehende Maßnahmen" für Heimaufsichtsbehörden an Relevanz gewonnen. Während früher eher zufällig und nur vereinzelt die Aufmerksamkeit der Heimaufsichtsbehörden bei Begehungen auf das Thema „Fixierung, Bettgitter usw." gerichtet wurde, so scheint dies nunmehr regelhaft zu geschehen. Fast 90 % der befragten Behörden gaben an, bei ihren Begehungen das Thema „freiheitsentziehende Maßnahmen" anzusprechen, und zwar in ihren unterschiedlichsten Erscheinungsformen: von der geschlossenen Unterbringung bis zur Sedierung, allerdings in unterschiedlicher Intensität. Exemplarische Untersuchungen bestätigen diese Selbstauskunft der Heimaufsichtsbediensteten, wobei nicht auszuschließen ist, daß angesichts der geringen Begehungshäufigkeit in zahlreichen Heimen das Thema bislang noch nicht angesprochen wurde. Eine Überprüfung freiheitsentziehender Maßnahmen findet zumeist während der Nachschau durch Nachfragen bei der Heimleitung sowie durch exemplarische Augenscheinnahme beim Heimrundgang statt. Seltener ist die Einsichtnahme in die Pflegedokumentation und ein Gespräch mit Pflegekräften und Bewohnern über das Thema „Fixierung und Bettgitter" scheint die Ausnahme zu sein. Auf diese Weise dürfte jeweils nur ein Teil der tatsächlich ergriffenen freiheitsentziehenden Maßnahmen in das Blickfeld der Heimaufsichtsbehörden geraten.

Beschwerden von Angehörigen, Bewohnern, Pflegekräften über zu Unrecht ergriffene freiheitsentziehende Maßnahmen erreichen Heimaufsichtsbehörden äußerst selten. Vereinzelt wird von entsprechenden Beschwerden berichtet, auch von Ärzten und Richtern. Offenbar besteht eine geringe öffentliche Sensibilität für die Problematik „Freiheitsentziehung"; die Einstellung, derartige Maßnahmen seien notwendig und gerechtfertigt, ist weit verbreitet. Zu bedenken ist weiterhin, daß es sich bei den von Fixierungen Betroffenen in der

Regel um nicht konfliktfähige Personen handelt, die sich kaum mit Erfolg rechtsförmig beschweren und wehren können.

3. ERKLÄRUNGEN: ÄNGSTE, ÄRZTE UND ANGEHÖRIGE

Als Hintergründe für die Ergreifung freiheitsentziehender Maßnahmen sehen die befragten Heimaufsichtsbehörden in erster Linie Haftungsängste von Mitarbeitern und akute Gefährdungen von Bewohnern. Das Fehlen rechtlicher Informationen, Personalmangel, entsprechende Verordnungen der Ärzte aber auch die Wünsche von Angehörigen, die Bequemlichkeit von Mitarbeitern und das Fehlen von Betreuungskonzepten und Fallbesprechungen werden als weitere Erklärungen für freiheitsentziehende Maßnahmen angegeben. Die von den Heimaufsichtsbehörden bei den Heimen vermuteten Erklärungen decken sich in vieler Hinsicht mit denen der Behörden, insbesondere hinsichtlich der Haftungsängste und der Bedeutung ärztlicher Verordnungen (siehe Abbildung 6, S. 28).

4. AKZEPTANZ DER HEIMAUFSICHT

Gefragt nach der Wirkung von Beratung, Mängelfeststellungen und sonstigen Interventionen durch die Heimaufsicht wird diese nicht als hoch, sondern in ihrer Wirkung als begrenzt oder sogar gering eingeschätzt. Offenbar ist die Haltung verbreitet, daß freiheitsentziehende Maßnahmen in vielen Situationen einfach unvermeidlich seien. Andererseits wird die Akzeptanz seitens der Heimträger im Hinblick auf die heimaufsichtsrechtlichen Interventionen bei freiheitsentziehenden Maßnahmen als relativ hoch eingeschätzt. Damit deutet sich an, daß keine grundsätzlich unterschiedliche Bewertung hinsichtlich freiheitsentziehender Maßnahmen, ihrer Erforderlichkeit und der diesem Oberbegriff zuzuordnenden Einzelmaßnahmen besteht.

Interessant sind in diesem Zusammenhang die zahlreichen Vorschläge, die die Bediensteten der Heimaufsicht auf den drei zentralen Fortbildungsveranstaltungen im Rahmen der Studie bezüglich erweiterter Möglichkeiten von Interventionen der Heimaufsichtsbehörden

27

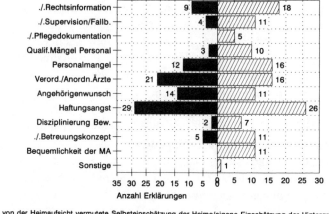

Abbildung 6: Erklärungen für freiheitsentziehende Maßnahmen von der Heimaufsicht vermutete Selbsteinschätzung der Heime sowie die Einschätzung der Heimaufsicht

./.Rechtsinformation	9 ▮ ▨ 18
./.Supervision/Fallb.	4 ▮ ▨ 11
./.Pflegedokumentation	▨ 5
Qualif.Mängel Personal	3 ▮ ▨ 10
Personalmangel	12 ▮ ▨ 16
Verord./Anordn.Ärzte	21 ▮ ▨ 16
Angehörigenwunsch	14 ▮ ▨ 11
Haftungsangst	29 ▮ ▨ 26
Disziplinierung Bew.	2 ▮ ▨ 7
./.Betreuungskonzept	5 ▮ ▨ 11
Bequemlichkeit der MA	▨ 11
Sonstige	▨ 1

35 30 25 20 15 10 5 0 5 10 15 20 25 30
Anzahl Erklärungen

von der Heimaufsicht vermutete Selbsteinschätzung der Heime/eigene Einschätzung der Hintergründe
▮ Selbsteinschätz.Heime ▨ Einschätz.HA

sowohl informaler Art als auch im Wege von Beratung und Nachschau gemacht haben (siehe Abbildung 7).

5. 20 000 FREIHEITSENTZIEHENDE MASSNAHMEN TÄGLICH?

Rechnet man die sich aus der Einschätzung der Heimaufsichtsbehörden ergebenden Zahlen über die Verbreitung freiheitsentziehender Maßnahmen für die baden-württembergischen Heime hoch, so wären ungefähr 20 000 Heimbewohner von den unterschiedlichen Ausprägungsformen freiheitsentziehender und freiheitsbeschränkender Maßnahmen betroffen. Am höchsten rangiert in der Einschätzung der Behörden die Verbreitung von Bettgittern mit etwa 9 000, etwa 1 500 müßten geschlossen untergebracht, 1 600 im Bett fixiert und etwa 3 500 von Sedierung betroffen sein. Die absolute Zahl der freiheitsentziehenden und freiheitsbeschränkenden Maßnahmen ist auch

Abbildung 7: Möglichkeiten von Interventionen: informal und Beratung/Nachschau: Nennungen aus den Fortbildungsveranstaltungen

1. ANREGUNGEN IM BEREICH INFORMALES HANDELN

Informationsveranstaltungen für Heime
Informationsmaterialien für Heime
Aufklärung über freiheitsentziehende Maßnahmen an Heimleitungen
Allgemeine Information und Aufklärung
Runder Tisch aller Heime und Heimaufsicht
· Standardentwicklung mit allen Beteiligten („Kriterienkatalog")
Informationen an Kreisärzteschaft
Öffentlichkeitsarbeit der Heimaufsicht
Beratung durch Pflegefachkraft

2. ANREGUNGEN ZUR NACHSCHAU

Standards für Pflegedokumentation (Prüfbarkeit!)
Aufhebung der Ankündigungspflicht
Personalausstattung der Heimaufsicht in Abhängigkeit von vorhandenen Heimplätzen
Bessere Einbeziehung der Heimbewohner/Heimbeiräte
Einbeziehung von Angehörigen als Heimfürsprecher
Jährliche Begehungen

3. ANREGUNGEN FÜR DIE BERATUNG

Informationsveranstaltungen mit Amtsgericht/Vormundschaftsgericht
Konzeptionsberatung bei Erteilung der Heimerlaubnis
Präventive Beratung ausbauen
Hinweise auf Betreuungskonzepte
Beratung über Vermeidung von freiheitsentziehenden Maßnahmen
Regelmäßige Gespräche vor Ort
Fachliche Kompetenz durch Pflegefachkraft erhöhen
Schriftliche Informationen über Gesetzesänderungen an Heime
Fortbildungen Heimaufsicht (Pflege, Betreuungsgesetz)
Hinweise, daß Heimaufsicht auch beratend tätig ist

nach Einschätzung der Heimaufsichtsbediensteten recht hoch, und es stellt sich die Frage, inwieweit sich diese vermutete Wirklichkeit in der Tätigkeit der Heimaufsicht niederschlägt und entsprechend in den Akten dokumentiert wird (siehe Abbildung 8).

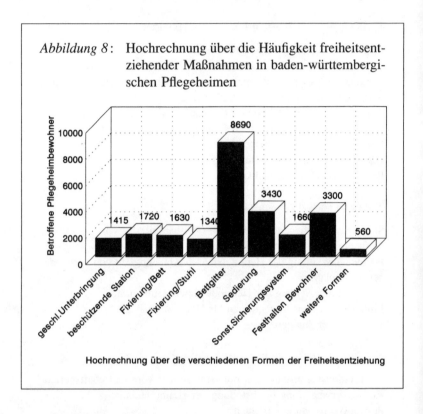

Abbildung 8 : Hochrechnung über die Häufigkeit freiheitsentziehender Maßnahmen in baden-württembergischen Pflegeheimen

Hochrechnung über die verschiedenen Formen der Freiheitsentziehung

6. ÄHNLICHE STATEGIEN BEI VORMUNDSCHAFTSGERICHT UND HEIMAUFSICHT?

Zuständig für die Genehmigung freiheitsentziehender Maßnahmen in Heimen sind die Vormundschaftsgerichte. Sie haben die Voraussetzungen des § 1906 Abs. 4 BGB zu prüfen und in jedem Einzelfall selbständig zu entscheiden. Wenn die Heimaufsicht nun ihrerseits sich des Themas freiheitsentziehender Maßnahmen annimmt und die Heimträger berät, so ergeben sich potentiell Diskrepanzen zwischen

30

der Rechtsauffassung der Heimaufsichtsbehörde einerseits und des örtlichen Vormundschaftsgerichtes andererseits. Aus diesem Grunde wurden die Heimaufsichtsbehörden befragt, ob in ihrem Zuständigkeitsbereich abweichende Auffassungen von den Vormundschaftsgerichten vertreten werden.

Die unterschiedliche Entscheidungspraxis von Vormundschaftsrichter in betreuungsrechtlichen Verfahren wurde inzwischen mehrfach untersucht (siehe: Klie 1989, S. 67 ff.). S. Wolff und M. Bischof arbeiten unter systemischen Gesichtspunkten die unterschiedlichen strategischen Varianten der Vormundschaftsgerichte in ihrer jeweiligen Entscheidungspraxis heraus (siehe S. 110 ff.). Es wäre nun zu vermuten, daß bei der gerade durch die Arbeitshilfe vereinheitlichten Rechtsposition der Heimaufsichtsbehörden Konflikte mit den offenbar sehr unterschiedlich entscheidenden Vormundschaftsgerichten auftauchen. Zwar gaben viele Heimaufsichtsbehörden an, sie könnten die Entscheidungspraxis der Vormundschaftsgerichte noch nicht beurteilen. Offenbar haben sie diese bisher in der ja auch schon nach alten Rechtslagen relevanten Frage nicht gekannt oder konnten mangels entsprechender Nachschautätigkeit die Entscheidungspraxis der Gerichte noch nicht eruieren. Dennoch fällt auf, daß die wenigsten Heimaufsichtsbehörden von Differenzen in der Entscheidungspraxis der Gerichte zu der in der Arbeitshilfe genannten Rechtsauffassung berichten. Offenbar hat sich entweder eine einheitliche Rechtsmeinung durchgesetzt, oder aber es gibt von der Arbeitshilfe abweichende örtliche Agreements über die Auslegung des § 1906 Abs. 4 BGB. In jedem Fall wäre eine recht einheitliche Einschätzung der Rechtslage durch Gerichte und Heimaufsichtsbehörden eine gute Voraussetzung für präventive Maßnahmen (Beratung) der Heimaufsichtsbehörden gegenüber den Heimträgern.

7. Thema „Freiheitsentziehung": eine Herausforderung für die Heimaufsicht

Das Thema „Freiheitsentziehung" ist für viele Heimaufsichtsbehörden ein neues Thema, zumindest in der durch die Maßnahmen (Arbeitshilfe, Fortbildung) des baden-württembergischen Sozialministeriums intensivierten Art. Es handelt sich dabei auch um ein fachlich höchst komplexes Thema, das entsprechende Fachkompetenz erfordert und Beratung als angemessene Intervention erscheinen läßt. Die neue Relevanz freiheitsentziehender Maßnahmen und der Focus, der durch Maßnahmen des Sozialministeriums auf dieselben gelegt wird, bedeutet für die Heimaufsichtsbehörden nicht nur einen Themenwechsel und eine Aufmerksamkeitsverlagerung, die bei neuen Schwerpunkten angesichts begrenzter Ressourcen immer folgt, sondern impliziert auch die Notwendigkeit neuer Handlungsformen. Dies machen die auf den Fortbildungsveranstaltungen der Heimaufsichtsbehörden zusammengetragenen Vorschläge deutlich. Die sich aus der Abbildung 6 (S. 28) ergebende persönliche Einstellung zu freiheitsentziehenden Maßnahmen lassen einen sensiblen Umgang mit diesem Thema seitens der Heimaufsichtsmitarbeiter erwarten.

3. Kapitel
Aus dem Innenleben der Heimaufsicht:
das Beispiel Mannheim

Wie nimmt eine Heimaufsichtsbehörde angesichts der knappen Personal- und Zeitressourcen ihre Aufgaben wahr? Am Beispiel der Stadt Mannheim konnten hier Einblicke durch Aktenanalyse, Experteninterviews und teilnehmende Beobachtung (Abschnitt 2. bis Abschnitt 4.) gewonnen werden. Auch hier stand im Mittelpunkt des Interesses: Wie reagiert die Heimaufsicht auf freiheitsentziehende Maßnahmen? Einige wesentliche Ergebnisses werden in diesem Kapitel beschrieben.

1. BEMERKENSWERTE OFFENHEIT

Die Stadt Mannheim hat sich in bemerkenswerter Offenheit und mit großem Engagement einer eingehenderen Untersuchung ihrer bisherigen Heimaufsichtstätigkeit bezogen auf freiheitsentziehende Maßnahme gestellt. Die Heimaufsichtsakten über alle Mannheimer Heime konnten analysiert, Expertengespräche geführt, an Nachschauen in teilnehmender Beobachtungen partizipiert und in Gruppendiskussionen mit Heimträgern, Verbandsvertretern und Bediensteten der Heimaufsicht und des staatlichen Gesundheitsamtes Ergebnisse diskutiert und Überlegungen über neue Formen der Kooperation und Intervention angestellt werden.

2. JEDE HEIMBEGEHUNG EIN NEUBEGINN?

Wie oft führt die Heimaufsicht sogenannte „Nachschauen" durch, und werden Heime überwacht? Im Rahmen der Aktenanalyse wurden jeweils die letzten beiden Nachschauen der Heimaufsicht bei allen Mannheimer Heimen analysiert. Die Nachschauintervalle reichten von 29 bis 60 Monaten bei einem Schnitt von 39 Monaten als durchschnittliches Intervall (siehe Abbildung 9, S. 34).

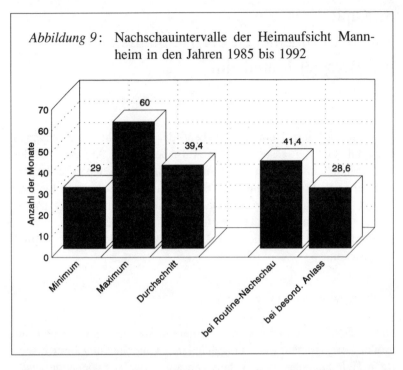

Abbildung 9: Nachschauintervalle der Heimaufsicht Mannheim in den Jahren 1985 bis 1992

Dieser Mannheimer Befund läßt für die baden-württembergische Situation insgesamt vermuten, daß nicht überall von einem einheitlichen Nachschaurhythmus ausgegangen werden kann und die diesbezüglich gemachten Aussagen in der Gesamtbefragung gegebenenfalls zu relativieren sind. Es ergab sich im übrigen kein Unterschied im Hinblick auf das Nachschauintervall zwischen gewerblichen, gemeinnützigen und kommunalen Einrichtungen: Sie wurden im Schnitt gleichhäufig besucht. Hiermit können verbreitete Befürchtungen seitens der gewerblichen Einrichtungsträger widerlegt werden, sie würden, zumindest was die Quantität angeht, strenger überwacht als andere Einrichtungen. Gerade in Konstellationen, in denen die Stadt mit ihrer Heimaufsichtsbehörde städtische Einrichtungen, Pflege- und Altenheime kontrolliert liegt die Vermutung nahe, daß diese Aufgabe eher weniger intensiv wahrgenommen wird.

Ein Blick auf die absolute Zahl der Nachschauen in den letzten Jahren offenbart hier große Unterschiede: die Anzahl schwankt zwischen 2 und 18 (siehe Abbildung 10).

34

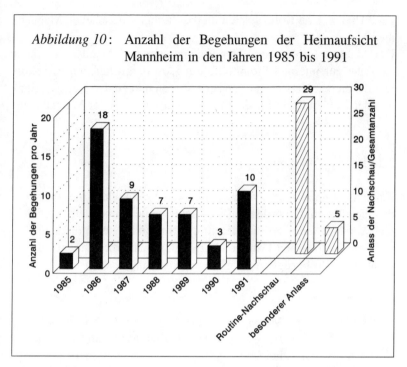

Abbildung 10: Anzahl der Begehungen der Heimaufsicht Mannheim in den Jahren 1985 bis 1991

Hintergrund für diesen Befund sind Fluktuationen und Vakanzen. Der Personalwechsel wirkte sich negativ auf die Anzahl der Begehungen aus.

Ein weiterer Effekt sowohl der langen Nachschauintervalle als auch des Personalwechsels ist darin zu sehen, daß sich bei den Begehungen immer wieder neue Personenkonstellationen gegenübersitzen und eine Kontinuität der Zusammenarbeit und ein vertrauensvoller Kontakt kaum entstehen konnte. Auch aus anderen Heimaufsichtsbehörden wird von häufigem Personalwechsel gesprochen und dieser als ein wesentlicher Hinderungsgrund für eine kontinuierliche, vertrauensvolle und sich qualifizierende Heimaufsichtsarbeit gesehen.

3. BEANSTANDUNGEN: HANDLÄUFE UND FLIEGENGITTER

Was wird von den Inhalten der Begehung dokumentiert, welche Mängelwahrnehmungen werden aktenkundig und führen zu Beanstandun-

35

gen? Und welche Rolle spielen hierbei freiheitsentziehende Maßnahmen?

Die Aktenanalyse förderte hier Erkenntnisse zu folgenden Aspekten zu Tage: zur internen Protokollführung, zu den offiziellen Protokollen, die an den Heimträger versandt werden und zu den Beanstandungen der Heimaufsicht hinsichtlich freiheitsentziehender Maßnahmen.

3.1. Interne Protokolle

Zunächst einmal muß zwischen internen Protokollen, die zwischen den beteiligten Behörden ausgetauscht werden, und dem „offiziellen Protokoll", das an die Heimträger versandt wird, unterschieden werden. Die internen Protokolle ergaben das in Abbildung 11 dokumentierte Bild bezüglich der Mängelfeststellung.

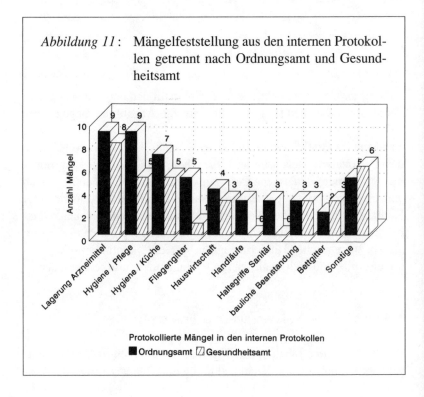

Abbildung 11: Mängelfeststellung aus den internen Protokollen getrennt nach Ordnungsamt und Gesundheitsamt

Hier fällt auf, daß die Problemwahrnehmung zwischen Heimaufsicht und Gesundheitsamt recht einheitlich verläuft, also konträre Einschätzungen und sehr unterschiedliche Schwerpunktsetzungen kaum erfolgen. Es findet offenbar eine Angleichung der Problemsicht schon während der Nachschau statt. Im Mittelpunkt der Mängelfeststellung stehen baulich-technische und medizinisch-hygienische Fragen. Immerhin wurden in den letzten Jahren freiheitsentziehende Maßnahmen notiert. Auffällig ist, daß sich die im Zusammenhang mit der Mängelfeststellung häufig angezeigte und auch rechtlich gebotene Beratung nicht dokumentiert wurde.

3.2. Offizielle Protokolle

Bei den offiziellen Protokollen dominieren baulich-technische Aspekte, Fragen der Arzneimittelaufbewahrung, der Hygiene und Küche (siehe Abbildung 12, S. 38). Auffällig ist hier, wie seinerzeit schon in einer Hamburger Untersuchung herausgearbeitet, daß die Beanstandungen teilweise Fragen betreffen, die gar nicht in den Zuständigkeitsbereich der Heimaufsichtsbehörden gehören (Klie 1988, S. 122 ff.). Hintergrund hierfür sind Zuständigkeitskombinationen, die insbesondere durch das beteiligte Gesundheitsamt entstehen, im Sinne einer integrierten Aufsicht und Beratung auch sinnvoll sein können, jedoch nach Aktenlage nicht transparent werden. Auch die Dominanz baulich-technischer und hygienischer Beanstandungen entspricht bisherigen Erkenntnissen über die Praxis der Heimaufsichtsbehörden. Deren leichtere Feststellbarkeit verbunden mit einfachen Schritten zur Abstellung mögen dieses gemessen am Schutzzweck des Heimgesetzes unangemessene Übergewicht erklären. Bei einer Aufteilung der Beanstandung nach strukturellen Fragen (Ausstattung usw.) und bewohnerbezogenen und personalbezogenen Fragen (medizinisch-pflegerische Versorgung, soziale Betreuung) entfallen lediglich 20 % der Mängelfeststellung auf die zweite Kategorie.

3.3. Freiheitsentziehende Maßnahmen in drei Fällen

Freiheitsentziehende Maßnahmen wurden in drei Fällen in den letzten Jahren formell beanstandet. Auflagen und Anordnung gab es diesbezüglich keine. Gewerbliche Einrichtungen waren sowohl von den

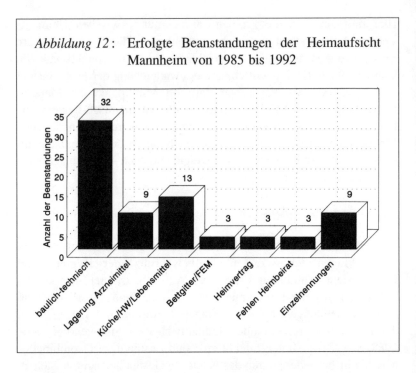

Abbildung 12 : Erfolgte Beanstandungen der Heimaufsicht Mannheim von 1985 bis 1992

formellen Beanstandungen als auch von der internen Feststellung freiheitsentziehender Maßnahmen mehr betroffen als gemeinnützige. In
kommunalen Heimen gab es keinerlei „Feststellungen". Kontrastiert
man diese Ergebnisse sowohl mit dem seitens der Heimaufsichtsbehörden vermuteten Umfang freiheitsentziehender Maßnahmen als
auch mit der im Untersuchungszeitraum durchgeführten Stichtagserhebung über die Verbreitung freiheitsentziehender Maßnahmen in
Mannheimer Heimen (siehe S. 42) ergibt sich eine erhebliche Diskrepanz. Wie erklärt sich diese?
Seitens der Heimaufsicht und des staatlichen Gesundheitsamtes wird
vermutet, daß die Anwendung entsprechender Maßnahmen häufig
nachts erfolge und im übrigen etwa Bettgitter bei angekündigten Begehungen rechtzeitig entfernt werden: Nur die Spitze des Eisberges
würde bei den Begehungen sichtbar, die Beanstandungen der Heimaufsicht würden die Realität nicht abbilden.
Von seiten der Heimträger wurde bestätigt, daß in den letzten Jahren vermehrt freiheitsentziehende Maßnahmen thematisiert wurden.

Offenbar wurde das Thema jedoch nur allgemein und nicht bezogen auf den Einzelfall angesprochen, so daß Beanstandungen, die sich auf bestimmte Bewohner beziehen, nicht erfolgten. Die Zahlen über den Verbreitungsgrad entsprechender Maßnahmen würden auch auf den potentiellen erheblichen Beanstandungsaufwand hinweisen, vor dem sich die Heimaufsichtsbehörde fürchtet. Überdies gab es bislang bezüglich der Rechtslage in der Praxis durchaus unterschiedliche Auffassungen und bleiben auch heute noch einige Fragen mit einer rechtlichen Unsicherheit behaftet, etwa was die Vergabe von Sedativa angeht. Dies verbunden mit der allgemeinen Unsicherheit, was denn in Situationen getan werden kann, in denen sich Heime zu freiheitsentziehenden Maßnahmen gezwungen sehen, ohne daß man sich lediglich auf die Bestellung eines gesetzlichen Betreuers und die richterliche Genehmigung beschränkt, mögen die Diskrepanzen etwas erklären.

4. Die Begehung: freundlich und redundant

Die Durchführung der Nachschau erfolgt nach den Beobachtungen während der Studie im wesentlichen nach dem Schema: Gespräch mit Heimleitung und gegebenenfalls anderen leitenden Mitarbeitern unter Beteiligung des Trägers sowie anschließender Heimrundgang. Durchschnittlich waren 5,7 Personen an der Nachschau beteiligt, seitens des Ordnungsamtes 1,85, seitens des Gesundheitsamtes 1,2, als Vertreter des Heimes Heimleitung und Trägervertreter 1,75 und Sonstige 0,6; die durchschnittliche Dauer der Nachschau betrug zwei Stunden (siehe Abbildung 13, S. 40). Der inhaltliche Gesprächsverlauf orientierte sich stark an dem Nachschaubogen, der innerhalb der Mannheimer Heimaufsicht Verwendung fand. Alle hier enthaltenden Fragen wurden gestellt, Antworten aktualisiert und offenbar werdende Probleme erörtert. Auffällig war der große Anteil von statistischen Fragen, bezogen auf Heimbelegung, Personalsituation und Ausstattung. Ganz im Gegensatz zu dem Bild, das sich aus den Protokollen ergibt, wurden zahlreiche Fragen der Betreuungs- und Pflegesituation angesprochen, wenngleich häufig recht kurz und bündig. Auch freiheitsentziehende Maßnahmen wurden bei den beobachteten Nachschauen ausführlich thematisiert: bei Bettgittern die Frage der

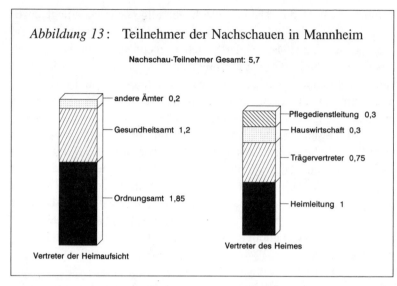

Abbildung 13: Teilnehmer der Nachschauen in Mannheim

Nachschau-Teilnehmer Gesamt: 5,7

andere Ämter 0,2

Gesundheitsamt 1,2

Ordnungsamt 1,85

Vertreter der Heimaufsicht

Pflegedienstleitung 0,3

Hauswirtschaft 0,3

Trägervertreter 0,75

Heimleitung 1

Vertreter des Heimes

Zustimmung der Betroffenen und bei sedierenden Mitteln die Frage der Genehmigungsbedürftigkeit. Beim obligaten Rundgang durch das Heim wurde anhand der Pflegedokumentation wiederum die Frage der freiheitsentziehenden Maßnahmen angesprochen, allerdings nicht im Zusammenhang mit der Vergabe von Psychopharmaka. Eine Kontrolle in den einzelnen Zimmern und die Thematisierung sichtbarer Bettgitter fand nicht statt.

Die Problematik der langen Abstände zwischen den Begehungen schlägt sich offenbar auch in den einzelnen Nachschauen nieder: Es sollen alle wichtigen Fragen angesprochen werden, was notwendigerweise zu einer gewissen Oberflächlichkeit, zu Zeitdruck und „Nachschaubogen-Gebundenheit" führt. Die Begehungen erscheinen auf diese Weise gleichförmig, wenngleich ausgesprochen freundlich: Das Bemühen um ein kooperatives Klima war allen Beteiligten anzumerken. Dies erklärt gegebenenfalls auch die Vorsicht, die bei so heiklen Fragen wie freiheitsentziehenden Maßnahmen und anderen potentiellen Mängeln in der Thematisierung derselben geübt wird (siehe ausführlich zur Nachschau: Abschnitt 6.2.4., S. 97 ff., und Abschnitt 3.2., S. 33 ff.).

4. Kapitel
Von der Normalität freiheitsentziehender Maßnahmen in Heimen

Wieviele freiheitsentziehende Maßnahmen tatsächlich in Heimen ergriffen werden, erfahren Heimaufsicht und Vormundschaftsgerichte immer nur begrenzt. Tatsächlich liegt es in der Verantwortung der Heime, wie sie mit dem Problemkreis „freiheitsentziehender Maßnahmen" umgehen. Viele Heime bemühen sich um neue Wege, suchen nach Alternativen zu Zwangsmaßnahmen und, falls weiterhin notwendig, um einen reflektierten und verantwortlichen Umgang mit „Zwang" in ihren Einrichtungen. Ein erster Schritt zur Veränderung verbreiteter rechtsverletzender Praxis ist die Wahrnehmung des Problems: Wieviele freiheitsentziehende Maßnahmen werden in Pflegeheimen alltäglich ergriffen?

Mit Hilfe einer Stichtagserhebung (Abschnitt 2.) wurden bei einem großen Heimträger alle freiheitsentziehenden Maßnahmen eines Tages erfaßt: Die Ergebnisse dieser Erhebung werden im folgenden referiert (Abschnitt 3.). Vorweggestellt wird ein Überblick über den aktuellen Forschungsstand zum Thema „Gewalt und freiheitsentziehende Maßnahmen in Pflegeheimen" (Abschnitt 1). Die Sticherhebung wurde ergänzt durch teilnehmende Beobachtung in zwei der untersuchten Heimen (Abschnitt 4).

1. STAND DER FORSCHUNG ZU FREIHEITSENTZIEHENDEN MASSNAHMEN

Zahlen über die Verbreitung freiheitsentziehender und freiheitsbeschränkender Maßnahmen in Pflegeheimen lagen bis vor kurzem in Deutschland nicht vor. Die bis dahin durchgeführten Untersuchungen waren im wesentlichen qualitativer Natur (von Eicken/Ernst/Zenz 1990; Diessenbacher/Schüller 1993). J. Wojnar legte die ersten Zahlen über die Verbreitung von Fixierungen in Pflegeheimen vor: Danach wurden 1989 knapp 10 % der Pflegeheimbewohner mechanisch fixiert. Die Zahl konnte durch Fortbildungen, Dokumentationsverpflichtungen und Fallbesprechungen um 90 % reduziert werden (Wojnar 1991, S. 89 f.). T. Hollweg hat in einer verdeckten Erhebung 1993 mit 110 Bewohner in einem Pflegeheim 51 % der von freiheitsentziehender und freiheitsbeschränkender Maßnahmen betroffenen Heimbewohner ermittelt (Hollweg 1994, S. 64 ff.). M. Borutta berichtet, daß 92 % der Mitarbeiter in von ihm befragten Pflegeheimen mehrfach Bewohner fixiert hätten.

Eine recht differenzierte Untersuchung über freiheitsentziehende Maßnahmen liegt jüngst aus dem Bereich der Gerontopsychiatrie vor (Hirsch/Wörthmüller/Schneider 1992, S. 127 ff.). Hier wurden in einer gerontopsychiatrischen Abteilung die freiheitsentziehenden Maßnahmen bei 37 Patienten über zwei Monate registriert. 21,3 % der behandelten Patienten wurden zumindestens einmal (Mittel 19,5 mal) fixiert. Die durchschnittliche Zeit für bewegungseinschränkenden Maßnahmen lag bei 23,7 Stunden, die kürzeste Zeit einer Fixierung bei einer halben Stunde und die längste Zeit bei knapp 35 Tagen. Auch wenn das Thema „freiheitsentziehende Maßnahmen" in den letzten Jahren an Relevanz gewonnen hat, ist das Wissen über das Ausmaß freiheitsentziehender Maßnahmen in Heimen bislang wenig differenziert vorhanden.

2. ANLAGE DER UNTERSUCHUNG

2.1. Stichtagserhebung

Mit Hilfe einer Stichtagserhebung auf der Basis von Selbstauskünften der zuständigen Stationsleitungen sollte eine vorsichtige Annäherung an den Verbreitungsgrad freiheitsentziehender und -beschränkender Maßnahmen im Alltag der Pflegeheime unternommen werden. Gegliedert nach Kategorien freiheitsentziehender und -beschränkender Maßnahmen und unter Angabe der Erklärung und Rechtfertigung inklusive vormundschaftsgerichtlicher Genehmigung wurden an einem beliebigen Tag in den städtischen Heimen Mannheims die Anzahl freiheitsentziehender Maßnahmen erfragt. Bewußt wurde dabei darauf verzichtet, in jeder Hinsicht valide Daten zu erhalten: Es ging, etwa hinsichtlich der Genehmigungsbedürftigkeit freiheitsentziehender Maßnahmen, nicht darum, die Abweichung von den rechtlichen

Vorgaben exakt zu erfassen, sondern nur das ungefähre Ausmaß insgesamt abzubilden. Die Stichtagserhebung, für die ein besonderer Erhebungsbogen entwickelt wurde, diente auch als Evaluationsinstrument für die Einrichtung selbst: Eine gegebenenfalls vernachlässigte Wirklichkeit sollte auf diese Weise Relevanz erlangen und in dem Ausmaß vielleicht erstmals sichtbar werden. So gesehen stellt die Stichtagserhebung ein Instrument der innerbetrieblichen Reflexion pflegerischer Arbeit, auch für andere interessierte Einrichtungen, dar. Bei zwei weiteren großen Heimträgern in West- und Süddeutschland wurde ebenfalls eine Stichtagserhebung durchgeführt, die die in Mannheim gewonnenen Daten etwas einordnen hilft.

2.2. Maßnahmen während des Untersuchungszeitraums

Es sollte aber nicht bei der einmaligen Abbildung freiheitsentziehender Maßnahmen an einem x-beliebigen Tag bleiben. Inspiriert durch die Hamburger Untersuchung (Wojnar 1991, S. 89 ff.) sollten mögliche Effekte von Interventionen von ausgewählten Stationen, die bislang als sinnvolle und wirksame Maßnahmen zur Minimierung freiheitsentziehender Maßnahmen angesehen wurden, erfaßt werden. Bei diesen Maßnahmen handelte es sich für Pflegemitarbeiter um *Fortbildungsveranstaltungen* über medizinische, pflegerische und rechtliche Fragen im Zusammenhang mit freiheitsentziehenden Maßnahmen, um *Supervision* und *Fallbesprechungen*, in denen schwierige Betreuungssituationen, aus denen in der Vergangenheit freiheitsentziehende Maßnahmen resultierten, besprochen wurden, und um die Entwicklung und den Einsatz eines gesonderten *Dokumentationsbogens* für die einschlägigen Maßnahmen, dessen Einsatz sowohl der innerbetrieblichen Kontrolle als auch der Sensibilisierung für in Freiheitsrechte eingreifende pflegerische Maßnahmen dienen sollte. Im Krankenhausbereich aber auch im Pflegeheim wurde vom Erfolg und den Wirkungen entsprechender Interventionen berichtet (Lotze 1989, S. 48 ff./1988, S. 39 ff., und Wojnar 1991, S. 89 f.).

2.3. Hintergründe freiheitsentziehender Maßnahmen

Das Messen der Effekte eben genannter Interventionen stand jedoch nicht im Vordergrund des Interesses. Am wichtigsten erschien, die

Hintergründe für das Ergreifen freiheitsentziehender Maßnahmen im Pflegealltag verstehen zu lernen. Aus diesem Grunde wurden auf zwei Stationen, in denen auch Fortbildung und Supervision sowie Einsatz der Dokumentation erprobt wurden, teilnehmende Beobachtungen durchgeführt. Auf diese Weise konnten Alltagsvollzüge beobachtet, Erklärungsmuster erkannt aber auch die Richtigkeit von Angaben in den Selbstauskunftsbögen exemplarisch kontrolliert werden. Die teilnehmende Beobachtung wurde von einem erfahrenen Pflegedienstleiter, einer ehemaligen Altenpflegerin sowie von einer mit dem Feld der Altenarbeit nicht vertrauten Sozialarbeiterin durchgeführt. Bewußt wurden diese unterschiedlichen „Qualifikationen" ausgewählt: Es ging sowohl um kollegiales Verstehen als auch um Wahrnehmung aus kritischer Distanz und Fremdheit. Auch die Supervision diente neben der Intervention als Möglichkeit, Hintergründe für freiheitsentziehende Maßnahmen verstehen zu lernen (siehe S. 57 ff.).

Die Ergebnisse sind also sowohl quantitativer als auch qualitativer Art und stellen für Heimaufsicht und Heimträger eine Möglichkeit dar, Ausmaß und Hintergründe freiheitsentziehender Maßnahmen besser zu verstehen und die Wirksamkeit von Interventionen abzulesen.

3. HEIMBEWOHNER LEBEN SICHER?

3.1. Gesamtzahl freiheitsentziehender Maßnahmen

404 Bewohner lebten zum Zeitpunkt der Stichtagserhebung in den untersuchten Heimen. 369 freiheitsentziehende und -beschränkende Maßnahmen wurden bei der Stichtagserhebung angegeben: zum überwiegenden Teil Bettgitter, deren Aufstellung durch das Betreuungsrecht endgültig rechtliche Relevanz erlangt hat. Auch der Einsatz von Psychopharmaka war recht verbreitet, während sogenannte „atavistische Formen freiheitsentziehender Maßnahmen" wie Fixierung im Bett und am Stuhl ausgesprochen selten angegeben wurden (siehe im einzelnen Abbildung 14, S. 45).

Bei den Zahlen ist jedoch Vorsicht geboten. Es wurde keine Angabe über die Dauer der entsprechenden Maßnahmen und auch nicht über deren Regelmäßigkeit erbeten. Es handelt sich um Selbstauskünfte,

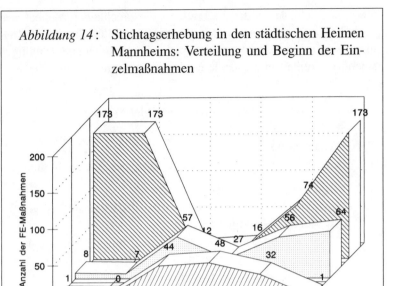

die nur auf wenigen Stationen überprüft wurden. Weder handelt es sich bei allen genannten Maßnahmen um freiheitsentziehende Maßnahmen im Rechtssinne (siehe Abbildung 15, S. 46) noch kann davon ausgegangen werden, daß lediglich die Maßnahmen, für die eine vormundschaftsgerichtliche Genehmigung eingeholt wurde, als freiheitsentziehende Maßnahmen zu werten sind. Dennoch ist davon auszugehen, daß die genannten Maßnahmen überwiegend regelmäßig gegenüber Bewohner ergriffen wurden. Die „Kontrollen" bestätigten, daß die Anzahl der angegebenen Maßnahmen mit den Beobachtungen überwiegend übereinstimmte. Auch im Detail abweichende Paralleluntersuchungen weisen darauf hin, daß die Angaben der Stationsleitungen glaubwürdig sind.

Bei Durchsicht der Daten wird deutlich, daß es von Heim zu Heim unabhängig von der Zusammensetzung der Bewohnerschaft – etwa gerontopsychiatrisch Erkrankte in der Überzahl oder nicht – erheb-

45

liche Unterschiede in der Verbreitung entsprechender Maßnahmen gibt. Dies mag auf heiminterne Konzeption, unterschiedliche Routinen, Kontrollinstrumente und verschieden ausgeprägte Haltungen gegenüber freiheitsentziehende Maßnahmen zurückzuführen sein.

Abbildung 15 : Freiheitsentziehende Maßnahmen

1. UNTERBRINGUNG
   Bewohner lebt auf geschlossener oder beschützter Station.

2. UNTERBRINGUNGSÄHNLICHE MASSNAHMEN
   Bewohner lebt auf sogenannter offener Station, aber es werden Maßnahmen ergriffen wie:
   Anbringung einer Schutzdecke oder eines Pflegehemds
   Festhalten durch Leibgurt
   Fixierung der Arme und/oder Beine
   Anbringung eines Bettgitters
   Fixierung durch Stecktisch am Stuhl, z. B. Geristuhl
   Feststellen des Rollstuhls
   Abschließen von Zimmer, Station, Haus
   Anbringung von Trickschlössern (Zahlenkombinationen an Türen, schwergängige Türen)
   Täuschung, die Tür sei verschlossen
   Verbot, Zimmer/Station/Haus zu verlassen
   Ruhigstellen mit sedierenden Medikamenten
   Festhalten beim Verlassen der Station/des Hauses
   Ausüben psychischen Drucks (Drohungen) mit dem Ziel, Bewohner an Fortbewegung zu hindern.

3.2. Fixierungen

Es fällt auf, daß die harten Formen der Fixierung im Vergleich zu anderen Untersuchungen (Wojnar 1991, S. 89) ausgesprochen selten beobachtet wurden. Hier hat sich offenbar in den letzten Jahren der Pflegealltag verändert. Die Sensibilität gegenüber Fixierungen aus fachlichen und rechtlichen Blickwinkeln ist gewachsen. Ein Effekt ist also nach der Diskussion der letzten Jahre ersichtlich geworden, was auch von den Interviewpartner in den an der Untersuchung beteiligten Heimen bestätigt wurde.

3.3. Bettgitter

Am verbreitesten ist das Aufstellen von Bettgittern, das eng verknüpft mit pflegerischen Routinen ist. Hier gilt für Mannheim: Vom frühen Abend bis zum „Wecken" , d. h. in der Liegephase wird das Bettgitter bei etwa der Hälfte der Heimbewohner aufgestellt. Paralleluntersuchungen in anderen Einrichtungen haben wesentlich ungünstigere Ergebnisse zu Tage gebracht: ein noch höherer Anteil von Bettgittern und deren Einsatz häufig über den ganzen Tag. Unter fachlichen, aber auch rechtlichen Gesichtspunkten bleibt der Verbreitungsgrad problematisch – gerade beim internationalen Vergleich, etwa mit England, wo Bettgitter in Heimen weitgehend verpönt sind, wird der Diskussionsbedarf über den Einsatz von Bettgittern deutlich.

3.4. Psychopharmaka

An zweiter Stelle hinter den Bettgittern rangiert der Einsatz von Psychopharmaka (Tranquilizer, Beruhigungs- und Schlafmittel, Neuroleptika). Es wurden keine Aussagen über eine therapeutische Indikation verlangt und auch das Einverständnis der Bewohner in die Psychopharmakamedikation wurde nicht abgefragt (Klie 1993, S. 39 ff.). In der teilnehmenden Beobachtung (Stichproben) zeigte sich, daß Psychopharmaka überwiegend zur Ruhigstellung eingesetzt wurden. Auch gilt: Die Daten aus Mannheim weisen niedrigere Häufigkeiten des Einsatzes von Psychopharmaka auf als bei vergleichbaren Daten aus anderen Einrichtungen. Aber auch hier bleibt das Ausmaß fachlich bedenklich und die Frage nach der rechtlichen Legitimation offen.

3.5. Einwilligungen und Genehmigungen

Auffällig ist der hohe Anteil der „Einwilligungen" in freiheitsentziehende Maßnahmen, insbesondere bei Bettgittern, aber auch bei

Bauchgurten (siehe Abbildung 16). Stichproben in den teilnehmenden Beobachtungen ergaben, daß häufig ein Angehörigenwunsch oder eine ärztliche Verordnung hinter der „Einwilligung" stand. Eine Einwilligung des Bewohners war in kaum einem Fall dokumentiert, oder der Einwilligungsvermerk lag zum Teil Jahre zurück, d. h. von einer aktuellen Einwilligung konnte nicht mehr ausgegangen werden. Dies läßt vermuten, daß dort, wo in der Stichtagserhebung die Einwilligung der Bewohner als Rechtfertigung für die entsprechende Maßnahme angegeben wurde, die Richtigkeit dieser Aussagen in vielen Fällen bezweifelt werden muß. Dies mag auch daran gelegen haben, daß keine Antwortskategorie für andere Legitimationen nichtrechtlicher Art vorgegeben war, die bekanntermaßen im Heimbereich verbreitet sind (von Eicken/Ernst/Zenz 1990, S. 50).

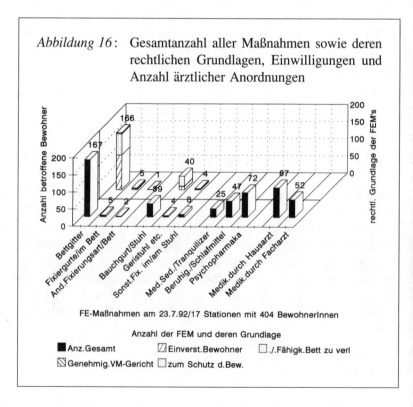

Abbildung 16: Gesamtanzahl aller Maßnahmen sowie deren rechtlichen Grundlagen, Einwilligungen und Anzahl ärztlicher Anordnungen

FE-Maßnahmen am 23.7.92/17 Stationen mit 404 BewohnerInnen

Anzahl der FEM und deren Grundlage

■ Anz.Gesamt ▨ Einverst.Bewohner ☐ ./.Fähigk.Bett zu verl
▨ Genehmig.VM-Gericht ☐ zum Schutz d.Bew.

Auffällig ist weiterhin der ausgesprochen geringe Anteil vormundschaftsgerichtlicher Genehmigungen. Das gilt für alle Mannheimer
Heime bei der Stichtagserhebung 1992. Hier weichen die Mannheimer Zahlen deutlich von Daten entsprechender Stichtagserhebungen
in anderen Heimen ab. Die Ergebnisse bestätigen den Befund von
M. Borutta, der in einer auf vier Heime in Nordrhein-Westfalen bezo-
genen Erhebung feststellte, daß 80 % der Anordnungen, freiheitsentziehende Maßnahmen zu ergreifen, von Nichtbefugten stammt. Nur
in 1,7 % der Fälle lag eine vormundschaftsgerichtliche Genehmigung
vor (Borutta 1993, S. 37 f.).

3.6. Zusammenfassung

Zusammenfassend läßt sich festhalten: Freiheitsentziehende und -be-
schränkende Maßnahmen sind ausgesprochen verbreitet: auf 404 Bewohner entfielen 369 entsprechende Maßnahmen. Die Wahrschein-
lichkeit, als Heimbewohner einmal von „Freiheitsbedrängungen" betroffen zu sein, ist sehr hoch. Im Vordergrund stehen das Aufstellen
von Bettgittern und die Vergabe von Psychopharmaka, wobei als Legitimation hauptsächlich die Einwilligung der Betroffenen angegeben
wird, an deren tatsächlichem Vorliegen jedoch in vielen Fällen ge-
zweifelt werden muß. Es fällt auf, daß gegenüber Untersuchungen
der letzten Jahre der Anteil harter Fixierungsmaßnahmen ausgesprochen stark zurückgegangen ist. Es hat sich insofern viel in Richtung
Sensibilisierung für Freiheitsrechte der Pflegeheimbewohner getan.
Trotz Informationen über die rechtlichen Maßstäbe im Umgang mit
freiheitsentziehenden Maßnahmen ist der Anteil vormundschaftsgerichtlicher Genehmigung verschwindend gering: Lediglich drei wurden angegeben.

4. TEILNEHMENDE BEOBACHTUNG: „DIE SPITZEL AUS FREIBURG?"

4.1. Vorgehensweise

Jeweils nach der ersten und zweiten Stichtagserhebung fanden in
den beiden intensiver untersuchten Heimen an einem Tag über alle
drei Schichten teilnehmende Beobachtungen statt. Es sollten exem-

plarisch Verläufe, Hintergründe, Erklärungen und innerbetriebliche Diskussionen über freiheitsentziehende Maßnahmen erfaßt werden. Mit Hilfe eines Beobachtungsbogens (siehe Abbildung 17) wurden die Wahrnehmungen der teilnehmenden Beobachter „gelenkt", die kollegial aufgenommen wurden. Sie konnten in den Stationsabläufen dabei sein, Pflegedokumentationen analysieren und mit betroffenen Bewohnern Kontakt aufnehmen (siehe ausführlich S. 52 ff.).

Die Eindrücke aus den teilnehmenden Beobachtungen lassen sich wie folgt zusammenfassen:

(a) die einzelnen Stationen unterscheiden sich erheblich in Stil, Milieu und Arbeitsweise;

(b) erhebliche Unsicherheiten waren seitens der Pflegekräfte in Situationen zu beobachten, in denen Haftungsängste im Raum standen und zwischen Freiheit und Schutz abgewogen werden mußte;

(c) der Einfluß von Angehörigen und insbesondere von Ärzten auf das pflegerische Geschehen ist zum Teil groß und Pflegekräfte sehen sich hier, bei aller Kritik an Ärzten, Verordnungen der Ärzte „ausgesetzt";

(d) eine eigene Handlungsverantwortung, etwa bei als unverantwortlich erscheinender Medikation, wird nur begrenzt wahrgenommen;

(e) das Ausmaß der freiheitsentziehenden Maßnahmen entspricht im wesentlichen den in den Stichtagserhebungen gemachten Angaben, allerdings nicht im Hinblick auf die Legitimation; hier fanden sich aktuelle Einwilligungen der Betroffenen nicht im gleichen Umfang wie angegeben;

(f) beobachtbar waren sehr unterschiedliche Einschätzungen von „gefährlichen Situationen" und Schutzbedarf der Bewohner einzelner Pflegemitarbeiter;

(g) Das Aufstellen von Bettgittern war mit den pflegerischen Routinen eng verbunden und wurde häufig nicht weiter reflektiert;

(h) Die Frage freiheitsentziehender Maßnahmen steht in der Hierarchie von Alltagsproblemen nicht auf den ersten Rangplätzen: im Alltag sind die Pflegenden wesentlich mehr mit anderen Fragen beschäftigt: Sicherstellung der grundpflegerischen Versorgung, Pflege Moribunder, Ausfall von Kollegen usw.

Abbildung 17: Beobachtungsbogen für teilnehmende Beobachtung

	Bewohner/in	Mitarbeiter/in	Station	Arzt	Angehörige	Pflegedienstleistung
Situation						
Deutung						
Handlung						
Konsequenzen						
Legitimation						
Verarbeitung						
Anmerkungen						

4.2. Bericht über die teilnehmende Beobachtung in zwei Mannheimer Pflegeheimen (Margret Stein)

Die Ergebnisse der teilnehmenden Beobachtung in zwei Pflegeheimen faßt Margret Stein wie folgt zusammen:

Insgesamt waren zum Zeitpunkt unserer Beobachtungen wenig Betreuungen eingerichtet und vormundschaftsgerichtliche Genehmigungen beantragt. Das Procedere bei der Einrichtung der bisherigen Betreuungen wurde uns als schwerfällig und wenig praktikabel geschildert. Die Arbeitshilfe des Ministeriums war allen Pflegekräften unbekannt.

Die Inhalte des Betreuungsrechtes waren bei den MitarbeiterInnen wenig bekannt, es bestanden zum Großteil unklare Vorstellungen über die Anwendung in der Praxis.

Große Handlungsunsicherheit war bei den Pflegekräften zu beobachten, wobei die Haftungsängste im Vordergrund standen. Größere Sicherheit bestand in einem der Heime, in dem die Kooperation zwischen Leitung und MitarbeiterInnen eng war, ein ständiger Informationsaustausch sichergestellt war und es klare Absprachen gab.

Bei allen Pflegekräften war die Anbringung von Bettgittern als freiheitsentziehende Maßnahme schon thematisiert worden.

Grundsätzlich kamen in beiden Heimen Bettgitter bei nichtgehfähigen Bewohner zur Anwendung. Bei den Gehfähigen wurde geprüft, ob sich durch das Anbringen eines Gitters die Sturzgefahr erhöht. In diesen Fällen wurde auf das Gitter verzichtet. In einem Heim wurde als Legitimation bei der Anwendung von Bettgittern in der Dokumentation festgehalten: „Bettgitter erforderlich, mit Arzt und Angehörigen abgesprochen".

Unklarheit bestand bei allen Maßnahmen, die nicht das Bettgitter betrafen, z.B. wird einem nichtgehfähigen Bewohner im Rollstuhl ein „Sicherheitsgurt" umgelegt, um ein Herauskippen zu vermeiden.

Nur wenigen Mitarbeiter war Freiheitsentziehung durch sedierende Medikamente als Problem bewußt!

Bei den Pflegekräften wurden unterschiedliche Sensibilität und Auffassung gegenüber Zwangsmaßnahmen und den Entzug von Freiheitsrechten deutlich. Teilweise gab es offizielle Einigung auf die Handhabe, aber je nach Mitarbeiter wurde unterschiedlich reagiert, z.B. versuchte eine Mitarbeiterin eine weglaufende Bewohnerin aufzuhalten und gab sedierende Medikamente, eine andere war sich der Freiheitsentziehung bewußt und versuchte ein Sicherheitsnetz durch Begleitung, durch Angehörige oder durch die Polizei zu knüpfen.

Bis auf einen Sohn wurden uns die Angehörigen der von freiheitsentziehenden Maßnahmen betroffenen Bewohner als verständnisvoll und kooperativ geschildert. Sie akzeptieren das risikobeinhaltende Verhalten der
„Wegläufer" und beteiligen sich am Sicherheitsnetz (Telefonketten, Information bei Ankunft oder Anforderung von Transportmöglichkeit). Es
wurde uns gegenüber nicht erwähnt, daß Einwände gegen das Anbringen
von Bettgittern oder Sicherheitsgurten von den Angehörigen vorgetragen
worden sind.

Aus der aktuellen Pflegedokumentation der Stationen war wenig Biogra-
phisches, Werdegang oder Vorgeschichte der Heimbewohner ersichtlich.
Wo trotzdem Pflegekräften durch mündliche Mitteilungen Einzelheiten
bekannt waren, wurde mit Verständnis auf Verhaltensweisen reagiert, die
auf vergangenen Ereignissen beruhen könnten: z. B. ein Bewohner war
vor der Heimaufnahme zwei Jahre lang in einer Wohnung eingeschlossen.
Im Heim findet man ihn fast allmorgentlich unter dem Bett liegend und
trotz vorhandenen Toilettenstuhl hat er in's Zimmer uriniert.

Dokumentiert wurde oft unpräzise: „Herr/Frau x war verwirrt". Das Verhalten wurde nicht näher beschrieben.

Verordnungen wurden von Ärzten in der Pflegedokumentation nicht hand-
schriftlich abgezeichnet. Oft war es nicht nachvollziehbar, ob eine Verordnung telefonisch oder nach einer persönlichen Visite erfolgte. Änderungen von Verordnungen erfolgten oft nach Zwischenfällen; z. B. wurde
nach dem Sturz eines Bewohners die bisherige Dosierung von Haldol
verdoppelt.

Insgesamt konnten wir eine sehr hohe Psychopharmaka-Vergabe feststellen, auffallend war dies auch dort, wo regelmäßig eine Neurologin das
Haus konsultiert.

Als Beispiel möchten wir den Verordnungsplan einer Bewohnerin hervorheben, die insgesamt gleichzeitig neben weiteren Medikamenten (speziel-
ler Problemkreis Bedarfsmedikation!) zwei schwache, niederpotente Neuroleptika sowie drei stark bis sehr starke Neuroleptika mit Depotwirkung
verabreicht bekam. Hinzu kam noch ein Antidepressivum, mit beruhigend,
dämpfender Wirkung und ein Beta-Blocker, der als Nebenwirkung gerade
depressive Verstimmungen und Halluzinationen hervorrufen kann.

5. Kapitel
Supervision statt Genehmigung? – Vorkehrungen zur Verringerung der freiheitsentziehenden Maßnahmen

Das Betreuungsgesetz erreicht das mit ihm verbundene Ziel, wenn auf überflüssige Zwangsmaßnahmen gegenüber den Betroffenen, hier den Pflegeheimbewohner, verzichtet wird. Nicht eine Verrechtlichung der Pflege- und Betreuungsverhältnisse ist mit dem Betreuungsrecht intendiert, sondern eine Humanisierung der Pflegeverhältnisse und eine Professionalisierung der Pflegearbeit. Angesichts der in der Studie herausgearbeiteten Zahl – allein in baden-württembergischen Heimen muß von 40 000 freiheitsbeschränkenden und -entziehenden Maßnahmen täglich ausgegangen werden – wird deutlich, daß die Gerichte einem ungebremsten Genehmigungsansturm nicht gewachsen wären. Es geht also darum, freiheitsentziehende Maßnahmen zu minimieren und auf die Situationen zu beschränken, in denen sie noch unter fachlichen Gesichtspunkten erforderlich sind.

Im Rahmen der Studie wurden Maßnahmen exemplarisch erprobt, die zur Erreichung dieses Ziels geeignet erschienen. Die Maßnahmen (Abschnitt 1.) und die dabei gewonnenen Erfahrungen und Erkenntnisse mit ihnen (Abschnitt 2.) werden in diesem Kapitel dargestellt. Es handelt sich bei den Maßnahmen um Fortbildungen für Pflegemitarbeiter (Abschnitt 1.1.) und um Supervisionsveranstaltungen auf zwei Stationen (Abschnitt 1.2.) sowie um die Einführung eines speziellen Pflegedokumentationsblattes für freiheitsentziehende Maßnahmen (Abschnitt 1.3.). Die Effekte dieser Maßnahmen, die über ein knappes halbes Jahr durchgeführt wurden, wurden in einer zweiten Stichtagserhebung sowie in einer weiteren teilnehmenden Beobachtung „gemessen" (Abschnitt 2.1.). Zusammenfassend werden die Hintergründe für Fixierungen und anderen freiheitsentziehenden Maßnahmen herausgearbeitet (Abschnitt 2.2.). Ein Bericht des beteiligten Heimes schildert die Erfahrungen mit der Studie aus Sicht der beteiligten Heimleiter (Abschnitt 2.3.).

Immer wieder wurde von Heimaufsichtsbehörden aber auch von Heimträgern angegeben, daß fehlende Informationen über die Rechtslage mitverantwortlich für das Ausmaß freiheitsentziehender Maßnahmen im Alltag der Heime zeichnen. Die *Arbeitshilfe des Sozialministeriums* wurde zwar von den Heimaufsichtsbehörden im wesentlichen als positiv und auch von vielen Heimträgern als hilfreich angesehen. Nur erreichte die Arbeitshilfe aus verschiedenen Gründen die Pflegekräfte auf den Stationen nicht: z. B. blieb die Arbeitshilfe meistens auf der Leitungsebene „hängen", d. h. sie wurde von der Heimleitung oder Pflegedienstleitung nicht weitergegeben.

In den Mannheimer Heimen erfolgten zumindestens keine Dienstanweisungen oder innerbetrieblichen Informationen infolge der Arbeitshilfe. Auch wurde die Arbeitshilfe so verfaßt, daß viele Pflegekräfte an ihrem Arbeitsplatz allein vom Umfang und von der Sprache her mit ihr nicht viel anzufangen wußten. Diese Annahmen lassen sich nicht quantifizieren, sie geben aber in etwa einen Konsens aus den Gesprächsrunden bei der Heimaufsicht Mannheim mit Trägervertretern wieder.

1. DIE MASSNAHMEN: HILFE ODER BÜROKRATISIERUNG?

1.1. Fortbildung für Pflegekräfte: „Die Pflegekraft als Verräterin?"

Um alle Pflegende einheitlich über rechtliche und fachliche Hintergründe und Alternativen im Umgang mit gerontopsychiatrisch Erkrankten zu informieren, wurde exemplarisch eine Fortbildungsveranstaltung mit einem Gerontopsychiater, einer Pflegefachkraft sowie einem Jurist durchgeführt. Diese Veranstaltung stand allen Mitarbeitern der beiden an den „Maßnahmen" beteiligten Heimen offen (siehe Abbildung 18, S. 56).

Die spontane Ressonanz war positiv, wenngleich im nachhinhein auch deutliche Kritik geäußert wurde. Offenbar hatten viele Pflegekräfte mit der juristischen Sprache weiterhin ihre Probleme und äußerten insbesondere gegenüber der Fachpflegekraft mit ihren Vorschlägen und Einschätzungen erhebliche Vorbehalte: Es sei unrealistisch, was sie vorschlage. Hierin kann sowohl Abwehr gesehen werden als auch eine nicht erfolgte Aufarbeitung der Fortbildung in den

Abbildung 18: Einladung zu einer Fortbildungsveranstaltung
im Pflegeheim Waldhof-Ost

Kontaktstelle für praxisorientierte Forschung e.V., Freiburg
Stadt Mannheim

Einladung
zu einer
Gemeinsamen Fortbildungsveranstaltung
der städtischen Pflegeheime
Waldhof-Ost
und Richard-Böttger-Heim

Thema:

UMGANG MIT PSYCHISCH KRANKEN IM HEIM

pflegerische, medizinische und juristische Aspekte bei
freiheitsbeschränkenden bzw. -entziehenden Maßnahmen

am
Montag, den 2. November 1992
Beginn: 17.00 Uhr Ende: 20.00 Uhr
in der Altenpflegeschule des Pflegeheims Waldhof-Ost
Wiesbadener Str. 11, 6800 Mannheim

Programm:

Begrüßung
Kurzreferate und Diskussion

Pflegerische Aspekte – Frau Behr, Mönchengladbach
Medizinisch-gerontopsychiatrische Aspekte – Herr Dr. Biehl, Frankfurt
Rechtliche Aspekte – Herr Dr. Richter, Stuttgart
Pause mit Imbiss
Schlussdiskussion

einzelnen Heimen. Insgesamt erscheint die hier im Vortragsstil und als Plenumsdiskussion abgelaufene Fortbildungsveranstaltung vom Typ her nur bedingt geeignet, Lernprozesse, die Einstellungsänderungen und neues Engagement verlangen, auszulösen.

Hier sind *weiterführende Formen der Fortbildung*, insbesondere innerbetrieblicher Art gefragt, vor allem aber verbindliche Hinweise der Leitung für die Umsetzung der Fortbildungsinhalte.

1.2. Supervision: „Ja, das war ganz gut."

1.2.1. Supervision als Rechtsschutzverfahren?

Fallbesprechung und Supervision werden im Zusammenhang mit Gewaltmaßnahmen gegenüber älteren pflegeabhängigen Menschen immer wieder gefordert und stellen eine innerbetriebliche Form der Reflexion und damit auch der Kontrolle dar. Betreuungsrechtliche Verfahren laufen oftmals nur äußerst oberflächlich und ritualisiert, ohne daß aus der Sicht der Pflege wesentliche Aspekte zur Sprache kommen, ab. Sie finden in einem Gesprächssetting statt, das die Pflegekräfte und das Heim leicht auf die „Anklagebank" setzt, dabei aber eine erhebliche sprachliche Distanz zwischen Pflegesystem und Rechts- und Justizsystem besteht. Angesichts dieser Feststellungen erscheinen *innerbetriebliche, auf Selbstkontrolle setzende interne Legitimationsverfahren* als geeignetere Mittel für einen wirksamen Rechtsschutz der Betroffenen als (allein) externe Legitimationsverfahren (siehe Rotter 1983, S. 86 ff.).

Im übrigen ist jede externe Kontrolle mit seiner eigenen Wirklichkeitskonstruktion von Darstellung, Einschätzung und Prognosen des kontrollierten Systems abhängig. Supervision und Fallbesprechung könnten so geeignet sein, den „Vortrag" gegenüber dem Gericht zu qualifizieren, vor allem aber auch gerichtliche Verfahren durch das gemeinsame Entdecken von anderen Betreuungsmöglichkeiten überflüssig zu machen.

Hierbei ist auch wichtig, daß Supervision eine Möglichkeit bietet, die sich aufstauenden Aggressionen gegenüber den Heimbewohnern so bearbeiten zu lassen, daß in freiheitsentziehenden Maßnahmen endende Beziehungseskalationen vermieden werden können (siehe

Grond 1992, S. 102, 467 ff., 529 ff.; Schneider 1994, S. 8 ff.; im Hinblick auf die Erfahrung der Supervision siehe S. 59 ff.).

Als *Ergebnisse* lassen sich zusammenfassen:

(a) die Supervision ist in Pflegeheimen keineswegs selbstverständlich, und es bedarf der Herstellung von Akzeptanz ihr gegenüber und einer entsprechenden Konzeption, in der die Supervision fest verankert ist.

(b) die Focussierung der Supervision auf das Thema freiheitsentziehende Maßnahmen erscheint nicht sinnvoll, da sofort Rechtfertigungsbedürfnisse angesichts von unausgesprochenen Vorwürfen geweckt werden. Auch in fachlicher Hinsicht stehen freiheitsentziehende Maßnahmen in einem komplexen Zusammenhang struktureller, konzeptioneller und individueller Fragestellungen, die nur als Ganzes bearbeitet werden können.

(c) in den Supervisionen wurde deutlich, daß der Gewaltanteil und das Ausmaß freiheitsentziehender Maßnahmen im Pflegealltag eher wenig bewußt ist.

(d) die Fallbesprechungen in der Supervision machten deutlich, daß sich Pflegekräfte gerade bei den nicht-routinenahen freiheitsentziehenden Maßnahmen sich erhebliche Gedanken um die betreffenden Bewohner machen.

(e) an einigen Beispielen konnte gezeigt werden, wie mit Hilfe der Supervision sowohl das Verhalten gegenüber anderen wichtigen Interaktionspartnern, wie etwa Ärzte und Angehörige geändert werden, aber auch zu welchen anderen Verhaltensweisen und Absprachen ein Team gegenüber einzelnen Bewohnern gelangen kann.

Durch die Supervisionsangebote konnte insgesamt das Interesse an derartige Formen der Reflexion geweckt werden („Warum dürfen wir nicht ...?"). Von einigen Mitarbeitern wurde die Fortsetzung dieser Angebote gefordert. Überdies wurde durch die Supervision bekannt, daß einige Kollegen privat Supervision in Anspruch nehmen: „Ohne sie würde ich den Beruf wohl kaum noch ausüben."

Insgesamt muß *Supervision als ein wesentlicher Qualitätsbaustein im Sinne einer internen Qualitätssicherungsmaßnahme* angesehen werden, die auch und gerade im Zusammenhang mit freiheitsentziehenden Maßnahmen große Bedeutung erlangt. Supervision ersetzt jedoch keine konzeptionellen und normativen Vorgaben, die angesichts subkultureller Normbildung im Hinblick auf den Rechtsschutz der

Betroffenen weiterhin ausgesprochen wichtig erscheinen. Überdies macht Supervision auch nicht die Wahrnehmung von Leitungsverantwortung überflüssig.

1.2.2. Bericht: Supervision im Rahmen der Studie über freiheitsentziehende Maßnahmen (Ursula Koch-Straube)

Ursula Koch-Straube, die Supervisorin, beschreibt ihre Erfahrungen mit den Supervisionsangebot wie folgt:

Im Rahmen der Studie über freiheitsentziehende Maßnahmen wurde in zwei Pflegeheimen Supervision durchgeführt. Im Zeitraum von Ende Oktober bis Mitte Dezember 1992 fanden jeweils fünf zweistündige Supervisionssitzungen statt. Die TeilnehmerInnen waren Pflegekräfte der Stationen, in denen die teilnehmende Beobachtung durchgeführt wurde. Sechs bzw. sieben TeilnehmerInnen gehörten jeweils einer Supervisionsgruppe an: Alten- bzw. KrankenpflegehelferInnen, AltenpflegerInnen, eine Krankenschwester. In einer Gruppe nahmen zwei Männer teil, ansonsten waren es Frauen.

Ich sah mich von Anfang an mit zwei sehr unterschiedlichen Heimen konfrontiert: Das Heim A strahlte eine eher alltagsweltliche Orientierung aus, war gekennzeichnet von einem gewissen Chaos und relativer Gelassenheit der MitarbeiterInnen. Heim B zeichnete sich durch eine stärkere institutionelle Prägung, Regelhaftigkeit und Ordnung aus. Diese Unterschiede fanden deutlich Niederschlag z.B. in der Art der Einrichtung, in der Art der Kleidung, im Umgangston und auch in der Art, wie der Supervisionsprozeß ablief. So gab es z.B. Unterschiede, in welchem Ausmaß und mit welchem Nachdruck, Hetze, Streß, Belastung und Personalknappheit angesprochen wurden, und ebenso in bezug auf die Art und Weise, die eigene Arbeit in Frage zu stellen.

In beiden Heimen war ein sehr großes Bemühen um eine gute und qualifizierte Pflege zu spüren, ein großes Engagement der MitarbeiterInnen, das im Rahmen ihrer Möglichkeiten und in Sichtweisen Liegende zu leisten.

(1) Der Verlauf des Supervisionsprozesses (in beiden Heimen)

Am Anfang verständigten wir uns darüber, was unter freiheitsentziehenden Maßnahmen zu verstehen ist. Die MitarbeiterInnen waren im allgemeinen gut informiert. Die Weiterarbeit lief in folgenden Phasen ab:

(a) Feststellung der MitarbeiterInnen, daß das Problem in ihrem Hause eigentlich nicht vorkommt. Eine gewisse Ratlosigkeit darüber, was in der Supervision nun besprochen werden könnte.

(b) Berichte über gelungene Arbeit und über gelungene Überwindung von Schwierigkeiten.

(c) Vorsichtige Problemanzeigen zum Thema freiheitsentziehende Maßnahmen, auch im eigenen Hause.

(d) Einbettung des Themas freiheitsentziehende Maßnahmen in eine allgemeine Reflexion der Arbeit und Suche nach anderen Sichtweisen und Handlungsalternativen.

Diese zum Teil beachtlichen „Wanderungen um den heißen Brei" waren nur allzu verständlich, da eine Zuspitzung bzw. Einengung des Themas auf freiheitsentziehende Maßnahmen einen Angriff auf die Gestaltung der Arbeit und das eigene Bemühen um eine gute Pflege impliziert.

(2) ALLTAGSWELTLICHE EINSCHÄTZUNG BEZÜGLICH FREIHEITSENTZIEHENDER MASSNAHMEN

Die Äußerungen der Pflegekräfte über freiheitsentziehende Maßnahmen lassen sich wie folgt wiedergeben: Freiheitsentziehende Maßnahmen kommen bei uns nicht vor, weil

(a) die alten Menschen von ihrer Freiheit ohnehin nicht Gebrauch machen können, sie z. B. nicht laufen oder nicht aufstehen können;
(b) die alten Menschen einer freiheitsentziehenden Maßnahme zugestimmt haben (irgendwann einmal);
(c) extreme Gefährdungen vorliegen, z. B. Unfallgefahr;
(d) die alten Menschen die MitarbeiterInnen durch ihr Verhalten über Gebühr strapazieren („Wir wissen uns nicht anders zu helfen.", „Die alten Menschen haben diese Maßnahmen selbst verschuldet.").

Freiheitsentziehende Maßnahmen kommen bei uns im Hause vor, weil wir

(a) Schlimmeres verhüten wollen, z. B. Verkehrsunfälle oder Einweisung in die Psychiatrie;
(b) die alten Menschen schützen müssen, z. B. in Konflikt mit anderen Bewohnern zu geraten;
(c) fürchten, für Vernachlässigungen zur Rechenschaft gezogen zu werden („Mit einem Bein stehen wir immer im Gefängnis.").

Es fällt aber auch der selbstkritische Satz: „Freiheitsentziehende Maßnahmen gehören zur Routine, da muß sich einer schon ganz schön wehren, bis wir über andere Möglichkeiten nachdenken oder es ganz lassen."

In extremen Fällen haben die MitarbeiterInnen verstärkt den Wunsch, die Verantwortung an andere abzugeben. Solche Situationen sind gegeben, wenn sich die BewohnerInnen massiv wehren oder wenn sie weglaufen wollen. Hier benennen die MitarbeiterInnen deutlich, wie schwer es ihnen

fällt, einen Bewohner bzw. eine Bewohnerin z. B. festzuhalten, wenn er/
sie das Haus verlassen will.

Die Delegation der Verantwortung an Ärzte, Richter und evtl. auch an Angehörige soll das Dilemma auflösen bzw. das Gewissen teilweise entlasten.

Auch das Anbringen von Bettgittern als die üblichste Form von freiheit-
sentziehenden Maßnahmen führt die MitarbeiterInnen in für sie unlösbare
Zweispälte: Sie haben Angst vor rechtlichen Konsequenzen, wenn sie das
Bettgitter anbringen und wenn sie es nicht anbringen.

(3) ZUSAMMENFASSUNG

Die MitarbeiterInnen spüren durchaus die Probleme, die freiheitsentziehende Maßnahmen für die BewohnerInnen und für sie selbst mit sich
bringen. Sie reagieren auf diese Problematik

(a) mit Wegblenden, Negieren
(b) mit Delegation der Verantwortlichkeit auf andere Instanzen,
(c) mit Aushalten, „weil es eben nicht anders geht",
(d) mit Gewissensbissen,
(e) mit Resignation.

Sie thematisieren, wie oft sie sich überfordert fühlen, sie sprechen die phy-
sischen und psychischen Belastungen an, sie verdeutlichen die Diskrepanz
zwischen ihren Vorstellungen von guter Altenpflege und dem, was ihnen
in der Praxis möglich ist.

Die Vielschichtigkeit des Erlebens und die Belastungen, die die MitarbeiterInnen spüren, drücken sich im folgenden Beispiel aus der Supervision aus: Eine Bewohnerin lag schon seit längerer Zeit mit angebrachtem
Bettgitter in ihrem Bett. Sie konnte oder wollte, nachdem sie aus dem
Rollstuhl gefallen war, nicht mehr laufen. Das Anbringen des Bettgitters
erschien den MitarbeiterInnen als eine unproblematische Maßnahme zum
Schutze der alten Dame. Sie hatte auch keine Einwände dagegen. Als man
sie eines Morgens tot im Bett auffand, hingen ihre Beine über dem Gitter. Dieses Ereignis löste in der Supervision eine Flut von Zweifeln und
Rechtfertigungen aus.

(4) FREIHEITSENTZIEHENDE MASSNAHMEN IM KONTEXT DER ALLGEMEINEN
    LEBENS- UND ARBEITSBEDINGUNGEN

Aus dem bisher Gesagten wurde deutlich, daß eine explizite Bearbeitung freiheitsentziehender Maßnahmen unter den gegebenen Bedingungen
schwierig war.

Diese partielle Verweigerung führte uns jedoch zu einer letztlich pro-
duktiven Erweiterung des Themas. Die MitarbeiterInnen sprachen in den

Supervisionssitzungen zunehmend Fragen und Probleme an, die ihnen in der Pflege ganz allgemein begegnen. Sie suchten mit Hilfe der Reflexion der angesprochenen Situation, aber auch mit erlebnisaktivierenden Methoden (z. B. Imaginationsübungen, Rollenspiel, usw.) nach Lösungen und nach alternativen Verhaltensweisen. Manchmal genügte bereits ein Blick aus einer anderen Perspektive, um das Problem in seiner Brisanz oder Dringlichkeit zu lösen.

In der abschließenden Bewertung dieser Fallbesprechungen wurde den MitarbeiterInnen meistens sehr deutlich, daß die gefundenen Lösungen ganz entscheidend dazu beitragen, daß freiheitsentziehende Maßnahmen erst gar nicht zum Tragen kommen müssen. Eine rechtzeitige Entschärfung der Beziehungs- und Pflegekonflikte kann als Prophylaxe eingesetzt werden. Die Aufgabe kann dann heißen: Eskalation zu vermeiden, indem man sich gemeinsam, schon bei den ersten Anzeichen von Schwierigkeiten, um ein vertieftes Verständnis der Situation und der ablaufenden Beziehungsdynamik bemüht. Mit diesem Ziel arbeiteten wir an den Fragestellungen, die die TeilnehmerInnen aus ihrer täglichen Arbeit in die Supervision mitbrachten.

(5) URSACHENFELDER

Die Analyse der eingebrachten Fallbesprechungen offenbarte einige Ursachenfelder, die viele der beobachtbaren Pflege- und Beziehungskonflikte zur Konsequenz haben. Von solchen Ursachenfelder will ich nun anhand einiger Beispiele aus der Supervision im folgenden berichten:

(a) Rigide Orientierung an Pflegenormen/Pflegekonzepten: Frau M. verläßt das Bett nur während den Mahlzeiten und zieht sich sofort nach den Mahlzeiten in ihr Zimmer zurück. Die MitarbeiterInnen zerbrechen sich den Kopf, auf welche Weise sie Frau M. aktivieren können. In der Supervision entdecken die MitarbeiterInnen, daß die Bewohnerin sich in ihrer kleinen Welt gut eingerichtet hat, sich vor den Anforderungen außerhalb, denen sie sich nicht gewachsen fühlt, schützt. Sie fühlt sich relativ gut, hat ihre Balance gefunden.

(b) Fehlende Übung, die Sprache der (verwirrten) BewohnerInnen zu verstehen, verschlüsselte Botschaften zu entdecken: Das ständige Rufen der Bewohnerin Frau F. ist nicht als krankhaft einzustufen oder gar als boshaft, sondern als Versuch der Orientierung und der Sicherheit. Sie ist nahezu blind. Welche Möglichkeiten könnte es geben, ihr die Sicherheit zu verschaffen?

(c) Zu geringe Beachtung der Biographie der alten Menschen, oder eine starre Festlegung auf ein Detail dieser Biographie: Herr P. verläßt von

Montag bis Freitag mittag niemals das Heim. Im Gegenteil: Er hilft auf einer Station mit, erledigt kleine Botengänge usw. Ab Freitag nachmittag aber lehnt er jegliche Mitarbeit ab und versucht, das Heim zu verlassen. Die MitarbeiterInnen erkennen, daß sich bei Herrn P. der über Jahrzehnte eingespielte Rhythmus zwischen Arbeit und Freizeit fortsetzt. Sie überlegen, wie sie deutlicher die Zäsur zwischen Arbeit und Freizeit unterstützen können und was sie tun können, um das Wochenende für ihn attraktiv zu gestalten. Sie suchen auch nach Möglichkeiten, Herrn P. einen Ausgang z. B. in die Kneipe oder ins Kino zu ermöglichen.

(d) Das Postulat, zu alten Menschen immer freundlich sein zu müssen („weil sie ja krank sind, leidend, nicht verantwortlich für ihr Tun"): Frau W. klingelt unaufhörlich. Die MitarbeiterInnen versuchen freundlich zu bleiben, ihren Ärger darüber vor der Tür zu lassen und ihn bei den Kollegen abzulassen usw. Doch die Wut steigt trotzdem, kommt zunächst in Ungeduld zum Vorschein, dann in Vorwürfen. Es kommt zu einem verdeckten Machtkampf und beide Seiten können nicht loslassen. In der Supervision erkennen die MitarbeiterInnen, daß sie Frau W. Grenzen setzen müssen und können, damit der Teufelskreis durchbrochen werden kann. Ein ständiges Negieren und Unterdrücken eigener Gefühle und das Hinnehmen von Verletzungen, die alte Menschen den MitarbeiterInnen zufügen sind häufig Ursachen für eine Eskalation der Situation, in der freiheitsentziehende Maßnahmen notwendig werden oder gar vor Gewalt nicht zurückgeschreckt wird.

Alternative: Die eigenen Grenzen (oder die der Institution) immer wieder sachlich und klar deutlich machen und Verfahrensweisen mit den BewohnerInnen aushandeln.

(e) Eine zu geringe Beachtung der Emotionalität der alten Menschen: Herr T. ist besonders bei der Grundpflege sehr aggressiv, er schlägt um sich und schimpft. Auf der anderen Seite tätschelt und streichelt er gerne die Mitarbeiterinnen. Die Mitarbeiterinnen verstehen, was es für Herrn T. bedeuten kann, täglich von einer Frau gewaschen zu werden, d. h. im Genitalbereich berührt zu werden. Sie können ihr Entsetzen über die sich täglich wiederholende Situation aufgeben und nach angemessenen Wegen der Handhabung suchen.

(f) Eine zu geringe Beachtung der eigenen Biographie: Im Falle des Herrn P. reagierte eine der Mitarbeiterinnen geradezu panisch auf das Verhalten des Bewohners. Sie fühlte sich sehr verletzt. Im Gespräch wurde ihr deutlich, daß Erlebnisse in ihrer eigenen Biographie für ihre Panik verantwortlich sein könnten. Eine Unterscheidung zwischen vergangenen Erfahrungen und der gegenwärtigen Situation wird möglich und ist hilfreich.

(g) Ein zu knapp bemessener Austausch im Team: Der regelmäßige Austausch der eigenen Belastungen kann viele Situationen entschärfen und fachliche Auseinandersetzungen zur Entwicklung gemeinsamer Ziele in der Arbeit führen.

(h) Überhöhte und unrealistische Ziele: Festhalten an Vorstellungen, die über ein langes Leben gewachsenen Schwierigkeiten und Eigenarten eines Menschen aufheben zu können, bzw. die Institution „Pflegeheim" zu einer Heimat für die BewohnerInnen machen zu wollen. Solche Vorstellungen führen zu massiven Überforderungen und sind letztlich ein Kampf gegen Windmühlen.

(i) Das Nichtakzeptieren von Grenzen, die trotz allen Bemühens nicht überwinden werden können: Auch in einem Pflegeheim können nicht alle Risiken ausgeschlossen werden, und der Versuch, dieses zu tun, führt letztlich zur Leblosigkeit. Darüber hinaus ist es notwendig, Toleranz für das Andersartige zu entwickeln und den alten Menschen ihr „Recht auf Eigensinn" zu gewährleisten.

Zusammenfassend läßt sich formulieren, daß freiheitsentziehende Maßnahmen dann notwendig werden, wenn

(a) die Beziehung zwischen Pflegenden und Gepflegten massiv gestört ist und zu entgleisen droht;

(b) Postulate von der richtigen Pflege über den alten Menschen gestülpt werden;

(c) sich Bilder und Vorstellungen vom „richtigen Altern" (der „Normalalte" in der Pflege hat sich in erwartbaren Bahnen zu verhalten) verfestigen;

(d) die MitarbeiterInnen nicht in ausreichender Weise auf sich selbst, ihre eigene Belastbarkeit, ihre Gefühle und ihre „Psychohygiene" achten.

Am Beispiel des Heimeinzugs konnten wir in einer der beiden Supervisionsgruppen sehen, wie früh schon die Weichen für die Notwendigkeit des Einsatzes freiheitsentziehender Maßnahmen gestellt werden. Beim Heimeinzug werden dem neuen Bewohner/der neuen Bewohnerin in den meisten Fällen nicht der Raum und die Zeit für die unerläßliche Trauerarbeit gewährt. Sie finden zu wenig Unterstützung für die Neuorientierung. Gefühle der Enttäuschung, der Wut und der Verzweiflung werden unterdrückt. Die auftauchenden Ängste werden weitgehend nicht beachtet. Es fehlen Rituale für diesen schwierigen Übergang ins Heim.

(6) SCHLUSSFOLGERUNGEN

Supervision – das sollte mit diesen Erfahrungen deutlich werden – ist eine Hilfe, die Potentiale der in der Pflege involvierten Menschen, also der MitarbeiterInnen und der alten Menschen, im Sinne eines menschenwürdigen Umgangs miteinander zu nutzen und zu erweitern. Das trägt nicht nur zum Wohlbefinden der BewohnerInnen von Altenpflegeheimen bei, sondern auch zum Wohlbefinden der MitarbeiterInnen und deren psychischer Entlastung. Entsprechend äußerten sich auch die TeilnehmerInnen der beiden Supervisionsgruppen in der abschließenden Auswertung.

Supervision ist aber nur ein Baustein im Bemühen um die Verbesserung der Situation in der Altenpflege und die Verringerung von freiheitsentziehenden Maßnahmen.

1.3. Dokumentation: „... und noch ein Dokumentationsblatt"

J. Wojnar (1991, S. 85 ff.) und J. Lotze (1989, S. 48 ff.) berichten vom Rückgang freiheitsentziehender Maßnahmen nach verbindlicher Einführung von Pflegedokumentationssystemen. Die Pflegedokumentation lenkt die Wahrnehmung auf freiheitsentziehende Maßnahmen und stellt ablauforganisatorisch eine Überprüfung, gegebenenfalls eine kollegiale Abklärung sicher. Fehlende innerbetriebliche Regelungen bezogen auf den Umgang mit freiheitsentziehenden Maßnahmen begünstigen einerseits, daß der Gewaltanteil bei bestimmten Pflegeroutinen übersehen wird, und produzieren andererseits eine sehr „individuelle" oder milieuabhängige Strategie des Umgangs, in der Haftungsängste und Konflikte mit Ärzten und Angehörigen eine große Rolle spielen. Aus diesem Grunde sollte in den untersuchten Heimen ein gesondertes Dokumentationsblatt (siehe Abbildung 19, S. 66) eingeführt werden, in dem die maßgeblichen freiheitsentziehenden Maßnahmen, ihre Hintergründe, die kollegialen Überlegungen sowie die Einschätzungen von Ärzten usw. niedergelegt werden.

Das Dokumentationsblatt wurde in Absprache mit einer der Heimleiter entwickelt. Auf dem Markt der Pflegedokumentationssysteme existiert ein derart ausführliches Blatt, das auch die Fragen „Bettgitter", „Psychopharmaka" usw. aufnimmt, bislang nicht. Die Einführung des *Dokumentationsblattes* gestaltete sich ausgesprochen *schwierig* und *scheiterte überwiegend*. Es wurde von einigen Pflegekräften offenbar als zu kompliziert und als nochmalige Bürokratisierung des Pflegealltags bewertet und abgelehnt. Äußerungen von anderen Pflegekräften während der teilnehmenden Beobachtung hingegen ließen auf eine positive Wertung entsprechender Dokumentationsblätter schließen:

Abbildung 19: Dokumentationsblatt für freiheitsentziehende Maßnahmen

BewohnerIn (Name): _____ Geb.: _____ Bew.-Blatt Nr.:__

I. Begründung für die beabsichtigte/erfolgte Maßnahme: _____
(Kurzdiagnose, Sachverhalt, ggf.Bennennung der _____
akuten Gefahrensituation): _____
_____
_____

II. Notfallentscheidung durch PDL/Stationsleitung _____
Pflegekraft (Dienstbezeichnung, Name) _____
    Benachrichtigung an Arzt (Name) _____ am: _____ um: _____Uhr
    Weitere Veranlassungen: _____
_____

Fallbesprechung (Reflexion/zgl.Beweismittel)   Termin: _____
    TeilnehmerInnen: _____
_____
_____
_____

    Ergebnis: _____
_____

    Weiteres Vorgehen/Pflegeziel _____
_____
_____
_____

III. MASSNAHMEN

A. **PSYCHOPHARMAKA**
1. Ärztliche Verordnung vom: _____   Medikament: _____ mo:__ mi:__ ab:__ bei Bedarf:__
    Dosis: _____   für: _____ (Zeitdauer)
2. Freiheitsbeschränkende Wirkungen der Medik.   Nein:__ Ja:__ ; wenn ja, welche? _____
3. Ruhigstellung bezweckt :   Nein:__ Ja:__
    Therapeutische Indikation : _____
4. Bei Einwilligungsfähigkeit, Einverständnis des Bew.   vom: _____
    ansonsten Einwillig. des gesetzl.Betreuers,   Name: _____   vom: _____
5. Gesetzl.Betreuer informiert am: _____-> Einholung einer richterlichen
    Genehmigung - nach § 1904 (gefährl.Heilbehandlung)   am: _____

B. **BETTGITTER**
1. Veranlassung vom: _____ durch: _____ für: _____ (Zeitdauer) einmalig __ kurzfristig __ regelmäßig __
2. Bei Einwilligungsfähigkeit, Einverständnis des Bew.   vom: _____
    ansonsten Einwilligung gesetzl.Betreuers,   Name: _____   vom: _____
3. Gesetzl.Betreuer informiert am: _____-> Einholung einer richterlichen
    Genehmigung - nach § 1906 IV (unterbringungsähnl.Maßnahme)   am: _____
4. Fehl. Fortbewegungsfähigkeit -> Schutz vor unwillkürl. Herausfallen: _____ (Kurzbeschreibung)
5. Fehl.natürl.Wille z.B. komatöser Zustand _____ (Kurzbeschreibung)

C. **FIXIERUNG** (Bett oder Stuhl)
1. Veranlassung vom: _____ durch: _____ für: _____ (Zeitdauer) einmalig __ kurzfristig __ regelmäßig __
2. Bei Einwilligungsfähigkeit, Einverständnis des Bew.   vom: _____
    ansonsten Einwilligung gesetzl.Betreuers,   Name: _____   vom: _____
3. Gesetzl. Betreuer informiert am: _____-> Einholung einer richterlichen
    Genehmigung - nach § 1906 IV (unterbringungsähnl.Maßnahme)   am: _____
4. Schutz vor unwillkürlichem Herausfallen _____ (Kurzbeschreibung)
5. Fehl. natürlicher Wille _____ (Kurzbeschreibung)

D. **ZURÜCKHALTUNGEN / FESTHALTEN DES BEWOHNERS** (beim Verlassen der Station, des Heimes)
    Veranlassung vom: _____ durch: _____ für: _____ (Zeitdauer) einmalig __ kurzfristig __ regelmäßig __

Kontaktstelle für praxisorientierte Forschung e.V., Bugginger Straße 38, 7800 Freiburg

(Fortsetzung S. 67)

DOKUMENTATION DER MASSNAHME

IV. **Bewohnerbeobachtung soll erfolgen unter folgendem Schwerpunkt:** _____

_____

_____

Zwischenfälle (z.B. Sturz..) _____ am : _____

_____ am : _____

V. **Nachweis der Maßnahme** (Blatt I, Massnahmen A / B / C / D , bitte Art der Massnahme nochmals vermerken)

Datum	Art der Maßnahme	von .. bis ... Uhr	um ... Uhr	Besonderes/Anmerk.	Handzeichen

VI. **Fallbesprechung**

Nächster Termin: am: _____   Ergebnis: _____

_____

Teilnehmerinnen: _____

Weiterer Termin: am: _____   Ergebnis: _____

_____

_____

Teilnehmerinnen: _____

Kontaktstelle für praxisorientierte Forschung e.V., Bugginger Straße 38, 7800 Freiburg

Sie würden Sicherheit geben und Reflexion einleiten. In einem der Heime, in dem die Dokumentationsblätter über einen Monat benutzt wurden, war ein sehr schematisches Ausfüllen und eine redundante Begründung für Routinemaßnahmen festzustellen. Die vorgesehenen Fallbesprechungen und ausführlicheren Beschreibungen der Hintergründe von Fixierungen usw. fanden nicht statt. Offenbar wurde das Dokumentationsblatt nicht als Hilfe zur Reflexion des eigenen Tuns, sondern als Pflichtübung gegenüber Vorgesetzten oder dem Projekt verstanden. Es fehlte auch an Verbindlichkeit. Hier wurde nochmals deutlich, daß der Umgang mit Pflegedokumentation in der Altenpflege im Sinne eines professionellen Arbeitsinstrumentes noch in den Anfängen steckt (Braun/Halisch 1989).

Die Einführung einer speziellen Dokumentation freiheitsentziehender Maßnahmen läßt sich im übrigen nur im Rahmen eines *Gesamtpflegedokumentationssystemes* sinnvoll realisieren und setzt Verbindlichkeit voraus, an deren Stelle heute in zahlreichen Pflegeheimen noch Beliebigkeit steht.

Zusammenfassend läßt sich festhalten:

(a) Freiheitsentziehende Maßnahmen werden bislang nicht regelhaft dokumentiert. Die Einführung einer gesonderten Dokumentation verbunden mit einer Reflexion sicherstellenden Arbeitsablauforganisation erscheint weiterhin als ausgesprochen sinnvoll.

(b) Die Kompetenz der Mitarbeiter im Umgang mit Pflegedokumentationssystemen in der stationären Altenpflege sind im Vergleich zum Krankenhausbereich noch nicht sehr weit entwickelt, so daß komplexe und komplizierte Dokumentationsblätter eher auf Ablehnung stoßen und einen schematischen Umgang provozieren.

(c) die Dokumentation freiheitsentziehender Maßnahmen muß in ein Gesamtdokumentations- und Arbeitsablaufkonzept integriert sein. Ansonsten wird sie zum Fremdkörper im Pflegealltag.

(d) die Einführung entsprechender Dokumentation setzt Verbindlichkeit voraus, die von der Leitungsebene repräsentiert werden muß.

2. ERKENNTNISSE UND ERGEBNISSE

Im Rahmen der kleinen Studie konnte nicht erwartet werden, daß sichere und übertragbare Ergebnisse über Effekte von innerbetrieblichen Maßnahmen wie Fortbildung, Supervision und Pflegedokumentation ermittelt werden können. Bekannt sind die komplexen Wirkungszusammenhänge und die Abhängigkeit freiheitsentziehender Maßnahmen von Konzepten der Einrichtungen sowie von personellen Rahmenbedingungen. Dennoch lassen sich einige *Effekte* beschreiben und *Hintergründe für freiheitsentziehende Maßnahmen* deutlicher benennen.

2.1. Die zweite Stichtagserhebung: begrenzter Rückgang – vermehrte Einschaltung der Gerichte

Neun Monate nach Beginn der Studie fand die zweite Stichtagserhebung statt. Welche Veränderungen waren dort allgemein und für die Heime, in denen Maßnahmen wie Fortbildung, Supervision und Dokumentation eingeführt wurden, im speziellen zu verzeichnen? *Es hat sich etwas getan* (siehe Abbildung 20, S. 70): Insgesamt ging die Anzahl freiheitsentziehender Maßnahmen um etwa 10 % zurück. Die Angaben von „Einwilligung" der Bewohner als Legitimationsgrund nahm deutlich ab. Dafür wurde vermehrt das Vormundschaftsgericht eingeschaltet: Statt in 3 nunmehr in 46 Pflegesituationen. Bezogen auf die einzelnen Maßnahmen kann nur von einem allgemeinen Rückgang der Anwendung von Bauchgurten berichtet werden: Die Zahl halbierte sich.

In den beiden Heimen bzw. den entsprechenden Stationen, in denen Supervision, Fortbildung und Pflegedokumentation eingeführt wurden, konnten teilweise besondere *Entwicklungen* beobachtet werden: So ging hier die Vergabe der Psychopharmaka zum Teil ausgesprochen deutlich zurück, ebenso der Einsatz von Bauchgurten. Dies ist, wie den Berichten aus der teilnehmenden Beoachtung (siehe S. 52 ff.) und zur Supervision (siehe S. 57 ff.) zu entnehmen ist, auf die Reflexion insbesondere in der Supervision zurückzuführen. Ansonsten weichen die „herausgehobenen" Stationen von den anderen Heimen nicht deutlich ab. Dazu sind die Betreuungssituationen zu komplex, die entsprechenden Handlungen zu stark mit den Pflegeroutinen verbunden und die Gefährdungsmomente für die Bewohner häufig nicht von der Hand zu weisen, so daß schnelle Effekte sich nicht einstellen konnten.

Abbildung 20 : Stichtagserhebungen 1 und 2 im Vergleich der Häufigkeiten von freiheitsentziehenden Maßnahmen nach Interventionen

	Heim 1	Heim 2	Heim 3	Heim 4
BewohnerInnen 7/92	109	98	138	65
BewohnerInnen 3/93	109	98	133	64
FEM-Maßnahmen Ges. 7/92	112	83	118	57
FEM-Maßnahmen Ges. 3/93	112	68	118	37
	+/- 0	-18,1%	+/- 0	-35,1%
Bettgitter/Fix.Bett 7/92	57	31	62	27
Bettgitter/Fix.Bett 3/93	63	26	54	28
	+10%	-16,1%	-12,9%	+3,7%
Bauchgurte/Fix.Stuhl 7/92	16	12	12	11
Bauchgurte/Fix.Stuhl 3/93	11	3	11	9
	-31,25%	-75%	-8,3%	-18,2%
Sedativa/Med.7/92	39	40	44	19
Sedativa/Med.3/93	38	39	53	9
	-2,6%	-2,5%	20,5	-52,7%

Gegenüber der Hamburger Untersuchung (Wojnar 1992) ist auch noch folgender Umstand von Bedeutung: Es wurden keine Dienstanweisungen und entsprechend autoritative Maßnahmen ergriffen, sondern auf das Engagement und eine veränderte Problemwahrnehmung der Pflegekräfte gesetzt. Diese *„weiche" Form der Einflußnahme* vermag nicht so schnell Wirkungen zu zeigen.

Erklärungen für die Veränderungen in den Heimen insgesamt lassen sich nicht verantwortlich abgeben. Es ist zu vermuten, daß die stärkere Einschaltung der Vormundschaftsgerichte von einer entsprechenden Intervention der Heimleitungen herrührt, die auf diese Weise mehr Rechtssicherheit zu schaffen suchten. Auch für die Mannheimer Heime zeigt sich, daß die Strategien der Heimleitung im Umgang mit freiheitsentziehenden Maßnahmen ausgesprochen unterschiedlich ausfallen: Während die eine Einrichtung darauf setzt, daß Lernprozesse langfristig Wirkung erzielen und sich auf diese Weise überflüssige freiheitsentziehende Maßnahmen abbauen lassen, setzen andere auf sofortige „Versicherungen", d. h. vormundschaftsgerichtliche Genehmigung. Andere wiederum verlegen sich auf Schleichwege zur Umgehung der Genehmigungsbedürftigkeit nach § 1906 Abs. 4 BGB, indem sie eine Legitimation konstruieren, etwa die „Einwilligung" der Bewohner.

In der teilnehmenden Beobachtung nach der zweiten Stichtagserhebung konnten insbesondere bei beobachteten Bewohnern, deren Situation mit Hilfe der Supervision thematisiert wurden, einige Veränderungen festgestellt werden. Dies gilt beispielsweise für eine sogenannte Wegläuferin und eine Patientin mit hoher Psychopharmaka-Dosierung. Hier konnten andere Lösungen gefunden werden, die sich aus einer genaueren Kenntnis der Person und durch kreatives Suchen nach Alternativen ergaben. Einem Bewohner etwa, der am Freitag nachmittag stets „nach Hause" wollte, konnte durch eine besondere Inszenierung des Wochenendbeginnes der Anlaß für das Weglaufen genommen werden. Weitere kreative Lösungen für Betreuungsprobleme, die häufig in freiheitsentziehende Maßnahmen enden, sind auf S. 29 ff. zusammengestellt.

Insgesamt war große Offenheit und kollegiales Vertrauen spürbar: Man hat nichts zu verbergen. Gleichzeitig wurde deutlich: Das Thema „freiheitsentziehende Maßnahmen" ist kein eigenes, in der Pflegearbeit selbst als besonders problematisch angesehenes Thema.

2.2. Hintergründe für freiheitsentziehende Maßnahmen

Von den Heimaufsichtsbehörden wurden in der Befragung Erklärungen für freiheitsentziehende Maßnahmen gegeben. An erster Stelle rangierten vermutete Haftungsängste seitens der Mitarbeiter; es folgten Anordnungen der Ärzte, Personalmangel und das Fehlen rechtlicher Informationen. Dies sind nach Auskunft der Behörden die wesentlichen Hintergründe für die Verbreitung freiheitsentziehender Maßnahmen in Pflegeheimen (siehe Abbildung 6, S. 28). Die bei der teilnehmenden Beobachtung, in der Supervision und in den Gruppendiskussionen gewonnenen Eindrücke bestätigen diese Einschätzung jedoch nur teilweise. Mit Hilfe von Erkenntnissen aus anderen Studien sollen im folgenden einige wichtige Hintergründe für freiheitsentziehende Maßnahmen benannt werden (siehe Abbildung 21, S. 72).

Abbildung 21: „Teufelskreis der Fixierungen" nach E. Grond

Tod

Störende/schreiende
Bewohner

Pneumonie

"Teufelskreis
der
Fixierung"

(nach E. Grond)

Sediert mit
Neuroleptica

Unruhig

Nächtliche Freiheitsberaubung
z.B. mit Bettgitter
zwingt zur Inkontinenz
→ Dekubitus

Blutdruck fällt:
antriebsarm/schwindelig
sturz-/frakturgefährdet
entkräftet

Bettlägerig

2.2.1. „Bei uns gibt es so etwas nicht!" – oder: das Übersehen des Zwangsgehaltes pflegerischer Handlungen

Der Zwangsgehalt von Bettgittern, Psychopharmaka, Stecktischen und anderen nicht unbedingt als Fixierungen im engeren Sinne angesehenen „Sicherungsmaßnahmen" wird offenbar von vielen Pflegekräften nicht wahrgenommen. Einigen Pflegekräften war nicht bekannt, daß etwa die Psychopharmaka-Vergabe durchaus als Freiheitsentziehung zu werten ist. Verbreitet waren Ansichten, daß Heimbewohner ihre Freiheit „eh nicht nutzen" könnten und insofern etwa ein Bettgitter nicht als freiheitsentziehende Maßnahme zu werten sei. In den Dokumentationen fanden sich so gut wie keine Hinweise auf freiheitsentziehende Maßnahmen. Eine ähnliche Feststellung macht M. Borutta, der seinerseits feststellte, daß Pflegekräfte bis zu 50 % der als freiheitsentziehende Maßnahmen zu wertenden pflegerischen Tätigkeiten nicht als solche ansehen (Borutta 1994, S. 44). Die *fehlende rechtliche Information* über die Qualifizierung pflegerischer Maßnahmen als freiheitsentziehende scheint damit immer noch mit ein wesentlicher Hintergrund für das Ausmaß von Zwangsmaßnahmen, vor allem aber für das Fehlen von Legitimationen, in Heimen zu sein. Die Informationen aus der Arbeitshilfe waren den Mitarbeitern durchweg nicht bekannt. Die Fortbildung und Supervision führten nach Auskunft der beteiligten Mitarbeiter zu einer bewußteren Wahrnehmung der Verantwortung für Pflege und, trotz hoher Arbeitsbelastung, bei den meisten zu einer höheren Sensibilität und veränderten Einstellung gegenüber freiheitsentziehenden Maßnahmen.

2.2.2. „Die eigentliche Gefahr der Gewalt liegt darin, daß sie ansteckend ist." (A. Miller) – oder: Gewalt wird gelernt

Freiheitsentziehende Maßnahmen sind, so die Eindrücke aus der teilnehmenden Beobachtung und Supervision, z. T. aufs engste mit pflegerischen Alltagsroutinen verbunden. Pflegekräfte berichteten, daß es ausgesprochen schwierig sei, sich gegen derartige Routinen, etwa das Aufstellen eines Bettgitters, zu wehren. Hierfür benötige man eine gute Portion Zivilcourage. H.-D. Schneider berichtet über die Bedeutung des Lernens durch Imitation von Gewalthandlungen gegenüber älteren Menschen (Schneider 1994, S. 8 ff.). Aussagen von Pflegekräften, man würde sich schnell in der Einrichtung akklimatisieren und sich über bestimmte Handlungen keine Gedanken mehr machen, deuten die tatsächliche Bereitschaft von Pflegekräften an, sich gegebenenfalls auch rechtsverletzenden Routinen anzuschließen. Allein die Einführung der Pflegedokumentation über freiheitsentziehende Maßnahmen ändert hieran dann wenig, wenn die Berechtigung und Erforderlichkeit entsprechender Maßnahmen nicht gleichzeitig mitgeprüft wird.

Während der teilnehmenden Beobachtung konnten so gut wie keine Situationen beobachtet werden, in denen freiheitsentziehende Maßnahmen aus akutem Anlaß heraus ergriffen werden mußten, um Bewohnern vor sich oder andere vor ihnen zu schützen. Vielmehr wurden ohne akuten Anlaß vorbeugend oder aus Gewohnheit Bettgitter aufgestellt oder Psychopharmaka verabreicht. Ähnliche Beobachtungen machte M. Borutta (Borutta 1994, S. 10). Die routinemäßige Reflexion der Maßnahmen in Dienstbesprechungen, aus Anlaß der Pflegedokumentation und die Aufnahme der Problematik freiheitsentziehender Maßnahmen in die Pflegeplanung wurden von Pflegekräften als Antworten auf den Zusammenhang zwischen Routinen und freiheitsentziehende Maßnahmen formuliert. Die hohe Verantwortung der Leitung für die Pflegekonzeption und die Sicherstellung der Reflexion in Dienstbesprechungen usw. wird durch die hier herausgestellten Zusammenhänge unterstrichen.

2.2.3. „Mit einem Bein im Gefängnis"– oder: Haftungsängste und Fixierung

Unter Pflegekräften ist in schwierigen Betreuungssituationen mit dementen Heimbewohnern Unsicherheit verbreitet. Insbesondere sogenannte Wegläufer, aber auch „aggressive" Bewohner stellen Pflegekräfte vor Entscheidungen, bei denen sie zwischen Risiken und Schutzbedarf auf der einen und Selbstbestimmungsrechten auf der anderen Seite abzuwägen haben. Unklar bleibt für viele Pflegekräfte offenbar, wer in so einer solchen Situation Verantwortung trägt. Zu erwartende Vorwürfe von Angehörigen und anderen Beteiligten sowie das eigene Gefühl, gegebenenfalls zu wenig getan zu haben, unterstützen die Haftungsängste. Pflegekräften ist die Tatsache weniger bewußt, daß in aller Regel bei verantwortlichen Entscheidungen Haftung bei Zwischenfällen ausgeschlossen ist, und weiter, daß laut Statistik die Verunglückungsrate von Pflegeheimbewohnern deutlich unter der der Normalbevölkerung im gleichen Alter liegt. Angesichts des hohen Verbreitungsgrades freiheitsentziehender Maßnahmen ohne aktuellen Anlaß scheinen aber auch Überängstlichkeit, überzogenes Sicherheitsdenken und eine Identifikation mit der Philosophie der totalen Institution Quellen der Haftungsangst, die häufig als Hintergrund für freiheitsentziehende Maßnahmen angeführt werden. „Die Angst vor der Angst" muß damit als eines der größten Hindernisse für ein „fixierablehnendes Milieu" angesehen werden (Hirsch 1994, S. 13). Zusammenhänge zwischen zum Teil berechtigter Unsicherheit der Mitarbeiter und Leitungsdefiziten konnten in einigen Gruppendiskussionen herausgearbeitet werden. Fehlt es an konzeptionellen Vorgaben für die Pflege gerontopsychiatrisch erkrankter Bewohner, dann unterbleibt die Klärung, wer die Verantwortung für die Entscheidung trägt und ob freiheitsentziehende Maßnahmen ergriffen werden oder nicht. Häufig werden keine Kriterien für die Risikobewertung und für den Umgang mit Risiken angeboten, und es fehlt schließlich an verbindlichen „Räumen" für die Reflexion der Hintergründe (Supervision, Balintgruppen) und die Suche nach Alternativen zu Zwangsmaßnahmen. So kommt die Leitungsebene ihren fachlichen Führungsaufgaben nicht nach und überläßt es nachgeordneten Mitarbeitern, in ihrer Unsicherheit in komplexen Situationen zu entscheiden. Die Folge davon ist: Im Zweifel wird für die Sicherheit und – aus der Perspektive der Bewohner – für die Bevormundung entschieden. Vielfach äußerten Mitarbeiter, daß sie sich in Entscheidungssituationen allein gelassen fühlten und es keine klaren Maßstäbe in den Einrichtungen für den Umgang mit freiheitsentziehenden Maßnahmen gab.

2.2.4. „Wenn wir nur mehr Personal hätten … " – oder: Personalausstattung und Fixierungen

Von vielen Pflegekräften, aber auch von Heimleitern wird immer wieder auf den Zusammenhang zwischen Personalausstattung einerseits und Pflegequalität andererseits hingewiesen. Weitgehend könnte auf freiheitsentziehende Maßnahmen verzichtet werden, wenn mehr Personal vorhanden wäre oder wenn z. B. verwirrte Heimbewohner bei ihren Ausflügen begleitet werden könnten. Schon J. Wojnar hatte diese Zusammenhänge im Hinblick auf die mechanischen Fixierungen widerlegt (Wojnar 1992, S. 89 f.). Auch die Ergebnisse der Mannheimer Stichtagserhebung konnten den Zusammenhang zwischen Personalausstattung und Ausmaß freiheitsentziehender Maßnahmen nicht bestätigen. Bei gleicher Personalausstattung und ähnlichem „Bewohnergut" variierten von Station zu Station die Zahlen über das Ausmaß freiheitsentziehender Maßnahmen z. T. erheblich. T. Hollweg hatte in seiner Untersuchung mit einer allerdings sehr kleinen Stichprobe überdies die These widerlegt, daß mehr qualifiziertes Personal automatisch zu weniger Fixierungen führen würde

(Hollweg 1994, S. 68). Andererseits wird geringe Weiterbildungs-
motivation von Pflegekräften als Indikator für eine höhere Gewalt-
geneigtheit ausgemacht (Schneider 1994, S. 9). Für sich genommen
bestimmen offenbar weniger quantitative Ausstattungsmerkmale das
Ausmaß freiheitsentziehender Maßnahmen. Gleichwohl gilt, daß angesichts der verbreiteten ungünstigen Personalausstattung eine menschenwürdige Betreuung, die die Individualität des einzelnen dementiell erkrankten Heimbewohners in den Mittelpunkt stellt, weitgehend
ausgeschlossen ist.

2.2.5. „Wenn sie ihre Freude daran haben, dann sollen sie es ma-
chen!" – oder: übersehene Belastungen

Welche Belastung freiheitsentziehende Maßnahmen für die Betroffenen mit sich bringen, ist den Akteuren im Heim offenbar nicht immer
bewußt. Erst der bei der Supervision vollzogene Perspektivenwech-
sel, der die Individualität des Betroffenen und sein Erleben in den
Vordergrund stellt, die Sensibilisierung für Gewalt in der Pflege in
Balintgruppen (Hirsch 1993, S. 9 ff.) und der Selbsterfahrungsanteil
in der Ausbildung (Borutta 1994, S. 38) machen die problematische
Bedeutung freiheitsentziehender Maßnahmen für die Betroffen bewußt. Im Rahmen der kleinen Studie von T. Hollweg wurde herausgearbeitet, welche unterschiedlichen Ansichten Pflegekräfte und
Bewohner über die Erforderlichkeit und Sinnhaftigkeit etwa von Bettgittern vertreten. 80 % der von Hollweg befragten Bewohner empfan-
den Bettgitter als negativ oder hatten zumindestens eine ambivalente
Einschätzung. Die Reaktion auf Bettgitter ist zumeist ein passives
Erdulden, Rückzug und Anpassung an die institutionellen Normen.
Eine aktive Auseinandersetzung ist eher selten. Aussagen wie „Ich
mag das nicht, wenn ich aufstehen will und Kot lassen muß, kann
ich nicht raus" oder „Die haben ja, wie gesagt, ihre Vorschriften, wir
müssen ja im Bett ruhig liegen" (Hollweg 1994, S. 76) machen das
Erleben der Bewohner deutlich. Während des Untersuchungszeitrau-
mes in Mannheim verstarb eine Heimbewohnerin beim Versuch, das
Bettgitter zu übersteigen. Dieser Vorfall beschäftigte die Pflegekräfte
sehr und führte zu einer erhöhten Sensibilisierung gegenüber dem
Thema „Bettgitter". Dennoch änderte sich im Untersuchungszeitraum
an dem Aufstellen von Bettgittern quantitativ so gut wie nichts. Of-

fenbar sind die Haftungsängste und Routinen mächtiger als empathische Identifikation.

2.2.6. „Der Arzt hat es verordnet!"– oder: die verschobene Verantwortung

Ärztliche Veranlassung und Erwartungen von Angehörigen bestimmen nach eigenem Bekunden der Pflegekräfte häufig ihr Verhalten und ihre Maßnahmen gegenüber den Heimbewohnern. Offenbar verfügen gerade Ärzte und Angehörige über allenfalls geringe Kenntnisse zur rechtlichen Beurteilung von freiheitsentziehenden Pflegemaßnahmen. Nicht nur Pflegekräfte, sondern auch Richter haben oftmals das Gefühl, daß das Vorbringen rechtlicher Bedenken gegenüber ärztlichen Therapieentscheidungen und Wünschen von Angehörigen als lästig und überflüssig empfunden wird. Diese Konstellation führt in der Tat für Pflegekräfte zu schwierigen Konfliktsituationen. Wo sie sich kommunikativ nicht in der Lage sehen, mit Angehörigen und Ärzten die anstehenden Fach- und Rechtsfragen auszudiskutieren, fühlen sie sich nicht selten genötigt, ihren Erwartungen zu genügen oder Veranlassungen Folge zu leisten. In den teilnehmenden Beobachtungen und in den Gruppendiskussionen konnten diese Zusammenhänge bestätigt werden. Eklatante Übermedikationen und unzureichend oder gar nicht begründete Medikamentenverordnungen, die sich aus der Pflegedokumentation ergaben, weisen auf die allgemein bekannte unzureichende Qualität ärztlicher Versorgung von Heimbewohnern hin. In der Studie konnte nachgewiesen werden, welchen Einfluß die Pflegekräfte auf das Verordnungsverhalten der Ärzte ausüben. Die in Dienstbesprechungen und Supervision besprochenen Fragen der Medikation einzelner Bewohner konnten teilweise umgehend in eine Reduzierung oder gar Absetzung von bestimmten Medikamenten umgesetzt werden. Entsprechend deutlich war das Absinken der Psychopharmaka-Vergabe in den betreffenden Heimen. Dieser Befund macht deutlich, daß ein fachlich reflektiertes und abgestimmtes Verhalten der Pflegekräfte und ein selbstbewußtes Auftreten gegenüber Ärzten wesentlichen Einfluß auf das Verordnungsverhalten der Ärzte hat (siehe hierzu auch Abschnitt 2.5., S. 109.).

2.3. Bericht: Erfahrungen mit der Studie im Pflegeheim
   (Bärbel Siegrist)

Bärbel Siegrist berichtet über ihre Erfahrungen mit der Studie bzw. dem Projekt aus der Sicht der Mitarbeiter eines der untersuchten Heime:

Das Pflegeheim Waldhof-Ost in Mannheim ist eine städtische Einrichtung mit insgesamt 68 überwiegend schwerstpflegebedürftigen BewohnerInnen. Bis Mai 1991 waren sie auf drei etwa gleichgroßen Stationen untergebracht. Dann wurde eine Station aufgelöst, d. h. deren BewohnerInnen und MitarbeiterInnen wurden den beiden verbleibenden Stationen zugeordnet. Diese organisatorischen Umgestaltung nahm die Heimleitung und die MitarbeiterInnen zum Anlaß, die bestehende Pflegekonzeption zu verändern. Mehr Betreuungszeit und somit mehr Individualität sollte bei der Versorgung der Bewohner erreicht werden.

Es entstanden also zwei Stationen mit je 34 Bewohnern. Durch die Zuordnung der MitarbeiterInnen der ehemals dritten Station konnten die Dienstpläne effektiver gestaltet werden. Dies führte dazu, daß auf jeder Station vier Gruppen mit jeweils ca. acht BewohnerInnen gebildet wurden. Jede Gruppe wird seither sowohl im Frühdienst als auch im Spätdienst von einer Pflegekraft betreut, die sich individuell an den Bedürfnissen „ihrer" BewohnerInnen orientieren kann. Zusätzlich werden sogenannte „Springerkräfte" für gruppenübergreifende Tätigkeiten oder Hilfestellungen in einer Gruppe eingesetzt. Ein weiterer großer Vorteil der Umstrukturierung war, daß die Beschäftigungstherapie, die früher räumlich sehr beengt war, jetzt z. B. den Aufenthaltsraum, die Teeküche und das ehemalige Dienstzimmer der aufgelösten Station nutzen kann.

Im Mai 1992 wurden uns erstmals die Inhalte der Studie über „Freiheitsentziehende Maßnahmen in Heimen" vorgestellt. Gleichzeitig wurde der Wunsch an uns herangetragen, als Institution mit allen MitarbeiterInnen daran teilzunehmen.

Am 23. Juli 1992 führten wir in den vier städtischen Heimen eine anonyme Stichtagserhebung über freiheitsentziehende Maßnahmen durch. Als zweiter Schritt wurde der Termin für eine teilnehmende Beobachtung durch drei MitarbeiterInnen der Evangelischen Fachhochschule Freiburg auf den 8./9. September 1992 festgelegt.

Die MitarbeiterInnen des Pflegeheimes Waldhof-Ost wurden zunächst von der Heimleiterin über Sinn und Zweck der Hospitation unterrichtet. Es war wichtig, klarzustellen, daß dies keine Kontrolle, sondern reine Information über den täglichen Arbeitsablauf in Hinblick auf freiheitsentziehende

Maßnahmen sein sollte. Zu einem etwas späteren Zeitpunkt stellten sich die HospitantInnen den MitarbeiterInnen vor und schilderten aus eigener Sicht ihr Anliegen. Vor der beabsichtigten Hospitation war die Einstellung der MitarbeiterInnen aufgeschlossen, kooperativ und interessiert. Eine intensive Diskussion über freiheitsentziehende Maßnahmen war bereits in Gang gekommen. Auch bestanden nur geringe Unsicherheiten vor der unbekannten Situation.

Die Hospitation umfaßte Nachtwache, Früh- und Spätdienst. Ursprünglich sollten zwei Bewohner, mit denen es hinsichtlich Weglaufgefährdung spezielle Probleme gab, begleitet werden. Da diese Probleme aber genau zu dem Zeitpunkt nicht auftraten, wurde die Beobachtung der Gesamtsituation und des Tagesablaufes mit Einblick in die Dokumentation durchgeführt. Die HospitantInnen wurden von den MitarbeiterInnen ohne Scheu akzeptiert und in den Pflegeablauf integriert.

Die anschließende Rückmeldung der MitarbeiterInnen war durchweg positiv. Sie hatten den Eindruck, daß ihr Umgang mit den BewohnerInnen sowie deren Betreuung bei den Beobachtern gut angekommen war, was von diesen in einem abschließenden Gespräch auch so bestätigt wurde. Geblieben ist das gute Gefühl, mit dem neuen Betreuungskonzept auf dem richtigen Weg zu sein. Beide Seiten waren sich jedoch einig, daß es beim Pflegepersonal hinsichtlich der korrekten Dokumentation große Unsicherheiten und erhebliche Haftungsängste (Stürze, Weglaufgefährdung usw.) gibt.

Am 2. November 1992 fand dann eine Fortbildung mit dem Thema: „Umgang mit psychisch Kranken im Heim" statt. Beleuchtet wurde dieses Thema aus ärztlicher, juristischer und pflegerischer Sicht, jeweils in Kurzreferaten und anschließender, durchweg positiv gewerteter Diskussion.

Im Rahmen der Studie wurden weiterhin insgesamt sechs Supervisionssitzungen für interessierte MitarbeiterInnen im Hause angeboten. Die anfängliche Unsicherheit, die eigenen Probleme im Umgang mit einzelnen Bewohnern in einer Gruppe darzulegen, wich schnell zunehmender Offenheit. Die teilnehmenden MitarbeiterInnen spürten bald, daß es hilfreich ist, eine Problematik aus verschiedenen Blickwinkeln zu beleuchten und auch eigenes Verhalten kritisch zu hinterfragen. Zwar werden im Team ausführliche Fallbesprechungen gemacht; die Anwesenheit einer außenstehenden Person brachte jedoch neue, gewinnbringende Aspekte.

Im weiteren Verlauf fanden nochmals eine Stichtagserhebung und eine Hospitation statt, deren Ergebnisse nicht wesentlich von den vorangegangenen abwichen.

Die abschließende große Fortbildungsveranstaltung „Persönliche Freiheit und Heimpflege" mit Fachreferaten, Gruppenarbeit und Plenumsdiskussion hatte eine lang anhaltende positive Resonanz.

Zusammenfassend kann man sagen, daß durch die Teilnahme an der Studie das Bewußtsein der MitarbeiterInnen im Umgang mit den BewohnerInnen gestärkt wurde. Im Umgang mit freiheitsentziehenden Maßnahmen sind sie sensibler und kritischer geworden. Es wird bewußter gearbeitet, mehr nachgedacht und besser beobachtet. Wo früher schon mal schnell ein Bettgitter hochgezogen oder der Wunsch nach Sedierung laut wurde, sucht man jetzt eher nach anderen Lösungsmöglichkeiten wie etwa individuellere Betreuung, Einbeziehen von Angehörigen usw.

Für die Zukunft wünschen sich die MitarbeiterInnen:

(a) Regelmäßige Fortbildungen in praxisorientierter und verständlicher Form. Dies betrifft auch und im besonderen Rechtsfragen. In diesem Bereich bestehen, wie bereits erwähnt, erhebliche Unsicherheiten.

(b) Unterstützung von Vormundschaftsrichtern und Heimaufsicht. Hier wäre es sehr wünschenswert, eine erfahrene Pflegekraft als direkte/n AnsprechpartnerIn zu haben. Dies würde mit Sicherheit zu einer besseren, vertrauensvolleren Zusammenarbeit mit der Heimaufsicht führen, deren Tätigkeit bislang überwiegend als Kontrolle aufgefaßt wurde.

(c) Regelmäßige Supervision.

(d) Noch bessere Zusammenarbeit mit Angehörigen, Betreuern und anderen Berufsgruppen.

(e) Mehr Anerkennung von seiten der Öffentlichkeit für die wichtige und verantwortungsvolle Aufgabe der MitarbeiterInnen eines jeden Pflegeheimes und für die oft schwere und belastende Arbeit, die sie tagtäglich verrichten.

6. Kapitel

Heimaufsicht – Agentur für Freiheitsrechte in Heimen?

Gegenstand des Projekts war nicht nur die Erhebung von Daten zum Ausmaß von freiheitsentziehenden Maßnahmen und die Darstellung der bisherigen Tätigkeit der Heimaufsichtsbehörden. Im Sinne von Aktionsforschung galt es vielmehr, gemeinsam mit den Heimaufsichtsbehörden nach neuen Wegen der Aufgabenwahrnehmung zu suchen und diese zu erproben. Die Kontrolle freiheitsentziehender Maßnahmen, die Beratung im Einzelfall und das Verteilen von Arbeitshilfen an die Heime führt nicht allein zu den gewünschten Erfolgen. Im folgenden werden nach einigen grundsätzlichen Ausführungen zum Selbstverständnis der Heimaufsicht (Abschnitt 1.) die mit der Heimaufsichtsbehörde in Mannheim gemeinsam angestellten konzeptionellen Überlegungen und durchgeführten Maßnahmen (Abschnitt 2.) vorgestellt. Es handelt sich im folgenden mehr um einen Aktionsbericht, der zu einer neuen Sichtweise von Heimaufsicht einlädt und Anregung für lokale Aktivitäten und Initiativen im Zusammenhang mit freiheitsentziehenden Maßnahmen gibt.

1. BEGRENZTE RESSOURCEN

Wie kann Heimaufsicht handeln und dabei ihre Ressourcen effektiv einsetzen, um auf die vielfältigen und verbreiteten Erscheinungsformen freiheitsentziehender Maßnahmen in Heimen zu reagieren? Die vom baden-württembergischen Sozialministerium erarbeitete Arbeitshilfe hat große Verbreitung gefunden, jedoch nur begrenzt zu Effekten in den Einrichtungen geführt. Spezielle regionale und auf das einzelne Heim bezogene Maßnahmen der Heimaufsichtsbehörden werden durch sie nicht überflüssig. Die Arbeitshilfe bietet die Grundlage für eine einheitliche rechtliche Position und Rückenstärkung für Aktivitäten der Heimaufsicht.

Die Heimaufsichtsbehörden können keinesfalls die von ihnen selbst geschätzten 20 000 freiheitsentziehenden Maßnahmen in baden-württembergischen Heimen kontrollieren, die Einrichtungen im Einzelfall beraten und für die Weiterentwicklung der entsprechenden Konzepte sorgen. Dies würde die Heimaufsicht im Hinblick auf ihre Ressourcen völlig überfordern und auch den gesetzlichen Auftrag überdehnen. Die *Heimaufsicht* ist ein Mitspieler im Konzert unterschiedlicher Akteure. Sie hat sich sowohl auf ihren Auftrag als auch auf ihre Ressourcen zu besinnen.

Der erstrebte Abbau freiheitsentziehender Maßnahmen steht im Zusammenhang mit den Einstellungen der Mitarbeiter, mit den Konzepten der Heime und mit der alltäglichen Gestaltung von Milieu und Beziehungen. Das verlangt von den Beteiligten Engagement, Eigeninitiative in den Heimen und entsprechende Überzeugung bei den „Normadressaten". Regulative Normierung, wie sie das Betreuungsgesetz, aber auch das Heimgesetz vornehmen und die klassische Heimaufsichtstätigkeit kennzeichnen, vermag kein Verhalten zu motivieren, bei denen es gerade auf die oben genannten Tugenden ankommt. Verbote und formale Verrechtlichung im Sinne einer vermehrten Einführung betreuungsrechtlicher Verfahren und Hinweise auf die Unrechtmäßigkeit des Tuns allein motivieren nicht.

Der Verzicht auf freiheitsentziehende Maßnahmen im Alltag der Pflegeheime angesichts der Strukturqualitätsmerkmale in der stationären Altenhilfe (Personalschlüssel, Qualifikation, Managementkompetenz) und objektiv schwieriger Pflegefachfragen ist nicht einfach. In vielen Situationen dürften sich Heime trotz fachlichen Kenntniszugewinns auch künftig *nicht in der Lage sehen, auf freiheitsentziehende Maßnahmen zu verzichten*. Die „einfachen Lösungen" gibt es nicht.

Wichtig für die *Aufgabe der Heimaufsicht* ist, daß die Bewohner, deren Interessen und Bedürfnissen zu schützen sind, nicht konfliktfähig sind. Die von freiheitsentziehenden Maßnahmen Betroffenen sehen sich nicht in der Lage, rechtsförmig auf Rechtseinschränkungen zu reagieren und so für eine Veränderung zu sorgen. Die Konfliktunfähigkeit der Bewohner wird auch nicht durch einen wirksamen Verbraucherschutz, sei es durch Seniorenorganisationen oder Verbraucherschutzverbänden, kompensiert. Es fehlt an positiver öffentlicher Aufmerksamkeit für Fragen freiheitsentziehender Maßnahmen oder an einer entsprechenden Kultur, wie sie etwa in englischen Heimen etabliert ist (siehe hierzu: Harris 1993, S. 19 ff.).

Durch das Betreuungsgesetz besteht die *Gefahr der Verrechtlichung* der Betreuung und Pflege im Sinne einer Verbreitung legitimatorischer betreuungsrechtlicher Verfahren, die häufig oberflächlich, ritualisiert und bei genauer Betrachtung nicht ohne komische und absurde Züge ablaufen und deren Wahrheitssuchgehalt von Pflegekräften häufig bestritten wird. Es geht nicht um eine Verstärkung der Verrechtlichung, die – wie auch unsere Ergebnisse zeigen – einfach zu provozieren ist, sondern um den Einsatz von Aufsicht und Recht zum Schutz vor „Verrechtlichung". Hierin kann eine Aufgabe der Heimaufsicht liegen. Das Betreuungsrecht spekuliert und setzt auf die Evolution (auch) in Pflegeheimen. Diese Entwicklung gilt es zu fördern. Es kann nicht darum gehen, die ohnedies schon stabilen Pflegeheimsysteme noch mehr in Rechtfertigungsdruck zu bringen.

Das „Spiel" um freiheitsentziehende Maßnahmen kennt *viele Mitspieler*: Richter, Ärzte, Betreuer, Angehörige, Pflegekräfte und eben auch die Heimaufsicht. Die Autorität anderer Mitspieler, gerade von Ärzten und Richtern, wird von den Normadressaten häufig höher eingeschätzt als die der Heimaufsicht, die im übrigen wenig im Alltag der Pflege vorkommt.

Andererseits: Im Alltag der Pflegeheime *fehlt es an Standards im Umgang mit freiheitsentziehenden Maßnahmen*. Der Alltag der stationären Altenhilfe ist durch Zufälligkeiten und Beliebigkeiten („Pflegeanarchie") gekennzeichnet. Die Entwicklung von Standards ist eine Aufgabe, die heute noch kaum wahrgenommen wird. Wesentliche Bereiche, in denen es um den Schutz von Bürger- und Freiheitsrechten der Heimbewohner geht, bleiben in die Zuständigkeit der Heimaufsicht gestellt.

Diese Problemskizze bildet für die Überlegung zu Handlungsperspektiven für Heimaufsichtsbehörden den Hintergrund, die im folgenden Abschnitt vorgestellt und diskutiert werden.

2. Maßnahmen

2.1. Arbeitsgruppe „Freiheitsentziehende Maßnahmen" – oder: Kooperation statt Kontrolle?

Die Heimaufsichtsbehörden sind nicht in der Lage, alle Einrichtungen im Hinblick auf freiheitsentziehende Maßnahmen regelmäßig zu überprüfen. Im übrigen wären die Effekte einer solchen Tätigkeit mit dem Ziel, die Zahl freiheitsentziehenden Maßnahmen abzubauen und eine höhere Sensibilisierung im Pflegealltag zu erreichen, auch keineswegs gewährleistet. Nicht nur die Heimaufsicht, sondern auch die *Heimträger* sollen ihrerseits bemüht sein – und das sind sie vielfach –, die fachliche Entwicklung in der Heimpflege voranzubringen. Sie sind die wesentlichen Motoren für die Heimentwicklung und Garanten für eine fachlich und ethisch reflektierte Arbeit. Gleichzeitig verfügen die *Verbände der Heimträger* über Einflußmöglichkeiten und Beratungsinstrumente gegenüber ihren Mitgliedsorganisationen. Die fachlichen Anliegen dürften häufig gleichlaufend mit denen der Heimaufsicht sein. Es empfiehlt sich aus diesem Grunde, die Bemühungen um die Weiterentwicklung der Heimpflege zu *koordinieren*, und zwar über den Einzelfall, d. h. über die einzelne Heimbegehung hinaus. Im Heimgesetz sind ansatzweise in § 11 Abs. 3 HeimG entsprechende Handlungsformen vorgesehen. Für die Mannheimer Heimaufsicht wurde, an ein solches Verständnis anknüpfend eine *Arbeitsgruppe aus Heimträgern, Heimaufsicht und staatlichem Gesundheitsamt* gebildet. Hier sollte bezogen auf freiheitsentziehende Maßnahmen eine gemeinsame Problemsicht erarbeitet, die Ressourcen und Interventionen abgeglichen und Kommunikationsbarrieren zwischen Heimaufsicht und Heimträgern weiter minimiert werden. Drei Sitzungen fanden statt, in denen die gemeinsamen Analysen der Probleme im Zusammenhang mit freiheitsentziehenden Maßnahmen im Vordergrund standen. Die Heimaufsicht legte ihrerseits die Ergebnisse der Arbeit vor. Gemeinsam wurden die Probleme analysiert und diskutiert. Beteiligt an diesen Sitzungen waren Vertreter fast aller Wohlfahrtsverbände, gewerbliche und kommunale Heimträger – überwiegend vertreten durch die zweite Führungsebene. In vielen Fragen konnte *Konsens* erzielt werden, wie z. B. in der Einschätzung der *Bedeutung von Konzepten* für die Qualität der Be-

84

treuung gerontopsychiatrisch erkrankter Heimbewohner. Angehörigen und Ärzten wurde eine wichtige Rolle und hohe Verantwortung für das Ausmaß freiheitsentziehender Maßnahmen zugeschrieben, was man darauf zurückführte, daß sie *häufig nicht über die Rechtslage informiert* seien. Auch in der Einschätzung, daß die vom Sozialministerium erstellte Arbeitshilfe die Pflegekräfte auf den Stationen nicht erreicht, war man im wesentlichen einer Meinung. Als wesentliche Hintergründe für freiheitsentziehende Maßnahmen wurden Unsicherheiten und Haftungsängste, aber auch Personalmangel im Pflegealltag ausgemacht.

Die Erfahrungen miteinander und die Erwartungen aneinander wurden ausgetauscht, wobei auf beiden Seiten deutlich wurde: Die *Heimaufsicht* muß zur Kenntnis nehmen, daß sie trotz anderen Anliegens und Selbstbildes im wesentlichen als *Heimpolizei* erlebt wird. Hierbei spielten auch die vielen negativen Rückmeldungen in den Protokollen, die sich fast ausschließlich auf Beanstandungen beziehen und positive Entwicklungen kaum hervorheben, eine Rolle. Die Heime sahen in den behördeninternen Problemen wie etwa Fluktuation und knappe Personalressourcen die Hintergründe für die zum Teil nur sporadische und von personellem Wechsel gekennzeichnete Wahrnehmung der Aufsicht. Man kam überein: Offenheit, Absprachen und gegenseitiges Vertrauen sind *Grundvoraussetzungen für eine auf Kooperation* angelegte Heimaufsichtsarbeit, die von beiden Seiten gewünscht wurde.

Im Hinblick auf mögliche Maßnahmen zur Minimierung freiheitsentziehender Maßnahmen bzw. zur eingehenden Reflexion derselben wurden folgende Vorschläge erarbeitet:

(1) *Überlegungen zu einem abgestimmten Fortbildungskonzept*: Heimaufsicht und Heimträger bzw. ihre Verbände sollten ein gemeinsames Fortbildungskonzept entwickeln, das sowohl zentrale Veranstaltungen, für die wesentlich die Heimaufsicht und die Verbände Verantwortung tragen, als auch innerbetriebliche Fortbildung bis hin auf Stationsebene in den Heimen beinhaltet. Bislang hatten entsprechende Fortbildungsveranstaltungen in Mannheim nicht stattgefunden, auch seitens der Verbände nicht. Dies wurde als günstige Voraussetzung für eine gemeinsame Aktivität gewertet (siehe Abschnitt 2.3., S. 90 ff.). Das Konzept sah folgende Struktur vor:

(a) Ebene „Stadt": Fachtagung zu freiheitsentziehenden Maßnahmen und Konzepten gerontopsychiatrischer Versorgung in Mannheim – gemeinsam mit allen Mitspielern.

(b) Ebene „Verbände": verbandsinterne Veranstaltung für Träger – je Verband oder in Kooperation.

(c) Ebene „Einrichtungen": verbandsangehörige Einrichtungen; alternativ: Veranstaltung in gemeinsamer Trägerschaft von Heimen, innerbetriebliche Fortbildungsmaßnahmen auf Stationsebene oder in Form von Fallbesprechungen und Balintgruppen/Supervision.

(2) *Information für Ärzte*: Die Ärzte sollten schriftliche Informationen über rechtliche Maßstäbe für freiheitsentziehende Maßnahmen im Heimalltag erhalten. Die Desinformation der Ärzte, ihre schwere Erreichbarkeit über Fortbildungsveranstaltungen und die Schwierigkeiten der Heimleitungen, sich mit den behandelnden Ärzten über rechtliche Grundlagen der Kooperation zu verständigen, führten zu der Überlegung, durch das Gesundheitsamt eine schriftliche Information für die Mannheimer Ärzte zu verfassen und entsprechend zu verteilen, auf die sich dann sowohl Heimträger, Pflegekräfte als auch Heimaufsicht berufen könnten. Nach längeren Überlegungen, welche Form der Information von den Ärzten am ehesten angenommen wird, entschied man sich für einen Fachaufsatz in einer ärztlichen Fachzeitschrift, der von der Projektleitung verfaßt und mit den Mitgliedern der Arbeitsgruppe abgestimmt wurde. Die Verteilung an alle Mannheimer Ärzte, die Heimbewohner behandeln, erfolgte durch das Gesundheitsamt mit Hilfe der Heime (siehe Abschnitt 2.5., S. 109 ff.).

(3) *Einbegzug einer Pflegefachkraft in die Heimaufsicht*: Die Einbeziehung einer Pflegefachkraft in die Arbeit der Heimaufsicht wurde insbesondere von seiten der Heimträger, aber auch von der Heimaufsicht selbst und dem staatlichen Gesundheitsamt als wünschenswert erachtet. Sie könne – so die Argumentation – einerseits die Arbeit der Gesundheitsämter entlasten, verfüge andererseits über die nicht unbedingt in der Heimaufsichtskommission vertretene Pflegefachkompetenz und kenne schließlich sowohl den Heimalltag aus eigener Erfahrung als auch die Zugangsmöglichkeiten zu Pflegekräften in den Heimen. Als Fachkraft im Heimaufsichtsteam hätte sie Einflußmöglichkeiten auf das Heim, da freiheitsentziehende Maßnahmen vom jeweiligen Pflegekonzept und den Mentalitäten abhängen. Auch

diese Überlegung konnte durch die Beteiligung einer Pflegefachkraft an der Heimaufsichtstätigkeit in Mannheim mit der anschließenden Erstellung von unterschiedlichen Konzeptvarianten für die Einbeziehung von Pflegefachkräften in die Arbeit der Heimaufsicht (siehe Abschnitt 2.4., S. 97 ff.) realisiert werden.

(4) *Durchführung eines Marketingseminars*: Man kam in der Arbeitsgruppe überein, die Konzeption und Handlungsmöglichkeiten der Heimaufsichtsbehörde systematisch zu reflektieren. Dies sollte einerseits durch Konfrontation der Erwartungen der Normadressaten an die Behörden mit ihren eigenen Zielvorstellungen und andererseits durch eine ziel- und ressourcenorientierte Analyse der Heimaufsichtsbehörden (inklusive staatliches Gesundheitsamt) selbst erfolgen. Zu diesem Zweck fand ein Marketingseminar mit einem Marketingfachmann statt (siehe Abschnitt 2.2., S. 87 ff.).

Die Arbeit der Arbeitsgruppe wirkte insgesamt vertrauensbildend und wurde als gute Grundlage für die weitere Kooperation zwischen Heimaufsicht und Heimträger bewertet. Sie blieb jedoch recht unverbindlich und war von gegenseitigem Taxieren gekennzeichnet, wenngleich die Offenheit in der Gesprächsatmosphäre für eine gemeinsame fachliche und ethische Orientierung sprach. Gerade die gemeinsame Aktion im Zusammenhang mit der Fachtagung eröffnete ein gemeinsames Handlungsfeld, in dem gemeinsame Erfahrungen in neuer Weise miteinander gesammelt werden konnten, auf die potentiell für die weitere Arbeit aufgebaut werden kann.

2.2. Heimaufsicht und Marketing?

Die Betrachtung der Arbeit der Heimaufsicht unter Marketinggesichtspunkten wirkt auf den ersten Blick fremd. Sie wurde jedoch aus folgenden Gründen für interessant erachtet: Marketing thematisiert die *Dienstleistungsfunktion* von Behörden und der Heimaufsicht und fragt nach *Qualität und Effizienz* ihrer Dienstleistungen (Kundenbedürfnisse stehen im Vordergrund sowie Fragen der Zielerreichung und des Nutzens). Gerade diese Fragen sind für die Heimaufsicht bedeutsam: Sie verfügt über begrenzte Ressourcen und steht in der Gefahr einer rituellen Aufgabenwahrnehmung (Klie 1991, S. 420 ff.). Die Heimaufsicht wird seitens der Heimträger häufig als Polizei erlebt, vor der man etwas zu verbergen hat. Ihr obliegen andererseits qua Gesetz Beratungsaufgaben, die eindeutig als Dienstleistung zu qualifizieren sind. Bei einer marketingorientierten Analyse der Heimaufsichtsarbeit steht die Frage nach der Aufgabe und dem Sinn der Heimaufsicht im Vordergrund. Allgemein gilt für Sozialtätige: Sie sind Anwälte und Vermittler in Sachen Menschenrechten und genießen in der Öffentlichkeit einen Helferbonus. Gilt dies auch für die Heimaufsicht? Ist der gesetzliche Auftrag so zu deuten, die interne Zielsetzung ebenso? Gleichsam ist es für Sozialtätige schwierig, den Nutzen ihrer Arbeit sichtbar zu machen. Worin liegt der Nutzen der Heimaufsichtstätigkeit für Heimträger und Heimbewohner? Und wie läßt er sich sichtbar machen? Dies waren Marketingfragen an die Arbeit der Heimaufsicht.

Ein weiterer Fragenkomplex bezieht sich auf die *Ziele*, die seitens der Heimaufsicht verfolgt werden. Was soll erreicht werden, und wie ist der Zustand zu beschreiben, den die Heimaufsicht durch ihre Arbeit erreicht sehen will? Das Heimgesetz bleibt hier in einer gewissen Offenheit, die für spezielle Zielformulierungen Raum läßt. Gleichzeitig wird diese Offenheit auch als Unklarheit und Verunsicherung erlebt und führt tatsächlich zu einer wenig reflektierten Auswahl von Zielen in der tatsächlichen Arbeit der Heimaufsicht. Die Untersuchungsergebnisse weisen etwa darauf hin, daß im wesentlichen baulichtechnische Aspekte kontrolliert und in diesem Bereich „Mißstände" abgestellt werden, während andere Ziele auf ihre Erreichung hin zumindest nicht kontrolliert werden. Bei der Zielformulierung stellt sich auch die Frage nach den Strategien, die zu ihrer Erreichung verfolgt werden sollen. Ihnen sind durchaus rechtliche Grenzen gesetzt, wenngleich neue Strategievarianten diskutiert wurden.

Eine marketingorientierte Analyse der Heimaufsichtsarbeit fragt nach den *Ressourcen* der Heimaufsicht, die ihr zur Verfügung stehen. Diese sind, so zeigt die Bestandsaufnahme (siehe S. 21), sowohl was Personal als auch was Zeitressourcen angeht, deutlich begrenzt. Auch im Bereich des Kontaktes bzw. des Zugangs zu den Einrichtungen liegen Ressourcen. Weiterhin liegen im Zugang zur Öffentlichkeit, in den Vernetzungspotentialen innerhalb der Behördenstrukturen, in der Aggregierungsmöglichkeit von Information und Sachverstand Ressourcen der Heimaufsicht.

Eine weitere wichtige Marketingfrage ist die nach dem *Image* der

Heimaufsicht. Sie wird als Polizei erlebt und will Beraterin sein. Dies deutet auf deutliche Diskrepanzen zwischen Selbstbild und Image hin, die unter Marketinggesichtspunkten zu bearbeiten wären. Offenbar stimmt das Kommunikationskonzept nicht, sind Dienstleistung und Aufgaben für die Adressaten nicht klar oder werden als nicht in sich konsistent erlebt. Mangelt es an der Erwartbarkeit von Dienstleistungen oder an der Stabilität der personellen Konstellation, die Voraussetzung ist für die Dienstleistung „Beratung" etwa? Auch das Wirken „in aller Stille", die geringe Veröffentlichung der Arbeit der Heimaufsicht, sowohl gegenüber den Normadressaten als auch gegenüber der Öffentlichkeit allgemein und behördenintern, mögen Hintergründe für das Imageproblem darstellen. Hier gilt der alte Marketingsatz: „Tun, was zu tun ist, und darüber kommunizieren" (Stemmle 1992, S. 12 f.). Marketing fragt nach dem *Markt* und dem *Marktbedürfnis* hinsichtlich Dienstleistungen und Produkten. Was ist nun der Markt der Heimaufsicht, und wer sind die Abnehmer der Dienstleistungen: Sind die Heime Normadressaten für Beratung und Aufsicht? Sind es die Bewohner und ihre Angehörigen, die Informationen durch die Heimaufsicht erwarten (§ 11 Abs. 1 HeimG), und die die Heimaufsicht als Beschwerdeinstanz benutzen können? Weitere mögliche „Kunden" sind andere Ämter, Kostenträger, Pflegekräfte, Ärzte und Verbände. Welche Bedürfnisse haben nun diese Kunden, die man, wenn man auf Wirksamkeit aus ist, gut kennen muß und denen gegenüber das Know-how gut zu erklären ist? Worin liegt der Gewinn und der Kundennutzen durch die Heimaufsicht? Exemplarisch konnte in einem Marketingseminar mit den Heimträgern herausgearbeitet werden, daß etwa die Koordinierung der an der Planung eines Heimes beteiligten Ämter und Behörden durch die Heimaufsicht von den Heimträgern als außerordentlich hilfreich erlebt werden würde. Ebenso der Erhalt von klärenden rechtlichen Informationen und, so möglich, von Beratungsressourcen bei konzeptionellen Fragen, wie etwa bei Einsatz einer Pflegefachkraft.

Die *Positionierung am Markt* ist ein weiteres Marketingstichwort, das die Frage aufwirft, wie sich die jeweilige Organisation mit ihren Produkten bekannt macht: Die Zielgruppen müssen die Organisationen wahrnehmen, und zwar in ihrer speziellen Dienstleistungsfunktion. Hier fällt auf, daß die Heimaufsichtsbehörden mit ihrem differenzierten Auftrag weder in der Bevölkerung noch bei den Heimbewohnern bekannt sind. Überlegungen zur Öffentlichkeitsarbeit der Heimaufsichtsbehörden, wie etwa Selbstdarstellung in Prospekten, regelmäßige Zeitungsartikel usw. wurden hier angestellt.

Der Marketingansatz verlangt eine *intensive konzeptionelle Arbeit*, der sich die Heimaufsichtsbehörden aus Zeitknappheit häufig nicht gewachsen fühlen. Ein entsprechendes Konzept würde im übrigen auch dazu führen, daß die Heimaufsicht aus ihrer marginalen Stellung im örtlichen Behördenspektrum zugunsten einer zentraleren mit erheblich höherem Arbeitsaufwand mutieren würde.

Der Marketingansatz wurde mit den Mannheimer Behörden exemplarisch durchdacht (wobei die Rahmenbedingungen dafür ungünstig waren). Entdeckt wurden im Hinblick auf public relations und Marketingsachverstand die örtlichen Ressourcen, wie z. B. in den Presseämtern der Kreisverwaltung. Als Konsequenz wurden Marketingaspekte bei der Planung und Durchführung der Fachtagung in Mannheim berücksichtigt, in dem bewußt an dem Image der Heimaufsicht gearbeitet, Mitspieler gewonnen und die Heimaufsicht mit neuen ungewohnten Handlungsformen, nicht dem Bild „immer mit dem Gesetzbuch unter dem Arm" folgend, präsentiert wurde.

2.3. Der Würde Raum geben: Fachtagung als gemeinsame Aktion

2.3.1. Die Idee

Aus den Überlegungen der „Arbeitsgruppe freiheitsentziehende Maßnahmen" bei der Heimaufsicht resultierte der Vorschlag, eine gemeinsame Fachtagung zur Problematik freiheitsentziehender Maßnahmen durchzuführen (siehe S. 54 ff.). Sie sollte in ein Gesamtfortbildungskonzept eingebettet sein. Die Fachtagung sollte einerseits dazu dienen, alle beteiligten Akteure im Zusammenhang mit freiheitsentziehenden Maßnahmen in die Bemühungen der Heimaufsichtsbehörden einzubinden und mit ihnen Verständigung über die teilweise schwierigen Fach- und Rechtsfragen zu erzielen. Überdies sollte das Thema „freiheitsentziehende Maßnahmen" in der Mannheimer Bevölkerung bekannt gemacht und den Bemühungen öffentliche Würdigung verschafft werden. Im Hinblick auf die Heimaufsicht galt es, die Behörde mit dieser Art von Bemühungen aus ihrer marginalen Stellung und dem an der „Polizei" orientierten Image herauszuholen und sie als fachkompetente, mit modernen Handlungsformen agierende Behörde darzustellen. Es ging darum, den Konsens aller Beteiligten herzustellen und sichtbar zu machen, durch die Veranstaltung einen Bezugspunkt für die weiteren Bemühungen zu schaffen und durch die einfühlsame Behandlung des schwierigen Themas und die gemeinsame Problematisierung von komplizierten Betreuungsfragen zu signalisieren, daß „es nicht um Kontrolle, sondern um Diskurs" geht.

2.3.2. Das Programm

Die Fachtagung wurde ausführlich mit Mitgliedern der Arbeitsgruppe „Freiheitsentziehende Maßnahmen" unter Hinzuziehung von Vertretern der Ärzteschaft, des Seniorenrates, des Presseamtes, der Betreuungsbehörden und des Vormundschaftsgerichtes vorbereitet. Mehrfach trafen sich rund 20 Teilnehmer zur Vorbereitung der Fachtagung und entwickelten folgendes, die Vorüberlegungen akzeptierendes Konzept:

TAGUNGSMOTTO: Der Würde Raum geben

PROGRAMM:

(1) *Persönliches Statement*: Am Anfang sollte ein jeweils persönliches Statement der unterschiedlichen Akteure zu ihrer Einschätzung, ihrer Verantwortung und ihrer Problemsicht in bezug auf freiheitsentziehende Maßnahmen stehen: Welche Verantwortung trage ich als Arzt, ich als Vormundschaftsrichter, ich als HeimleiterIn? Es sollte vermieden werden, daß normative Erwartungen in den Vordergrund gestellt und strukturelle Rahmenbedingungen für das Vorliegen freiheitsentziehender Maßnahmen allein verantwortlich gemacht werden. Die Verantwortlichkeit, die Motivation und das Engagement der Beteiligten sollte als Grundlage des gemeinsamen Bemühens und des gemeinsamen Engagements sichtbar werden, ohne die eine Weiterentwicklung der Heimpflege in diesem Punkt nicht möglich ist.

(2) *Bedrohte Freiheiten?* In zwei Fachvorträgen sollten die Hintergründe freiheitsentziehender Maßnahmen einfühlsam und eindringlich herausgearbeitet werden. Hierzu wurden zwei in der Bundesrepublik namhafte Gerontologen gewonnen, die gerade im Hinblick auf die Zielgruppe der Pflegekräfte die vielfältigen Hintergründe, wie etwa Aggression, Gewaltzirkel, berufliches Selbstverständnis und institutionelle Rahmenbedingungen herausarbeiten und gleichzeitig Handlungsperspektiven aufzeigen können.

(3) *Das Gespräch suchen*: Arbeitsgruppen: Viel Zeit war für den gemeinsamen Austausch über Probleme im Heimalltag vorgesehen. Hier wurde unter Einbeziehung Mannheimer Experten mit unterschiedlichen thematischen Schwerpunkten ausgehend von alltäglichen Pflegesituationen diskutiert. Die Diskussionen sollten auch signalisieren, daß es eben nicht die einfachen Antworten gibt, sondern auch im Zusammenhang mit der Heimaufsicht die Suche nach Wegen, seien es auch Schleichwege, im Vordergrund steht. Die Arbeitsgruppen wurden von public relations erfahrenen Studenten moderiert, die die Ergebnisse zusammenfaßten und veröffentlichten (siehe Abschnitt 2.3.4., S. 93). Die Arbeitsgruppenergebnisse wurden in einem abschließenden Plenum präsentiert. Einzelne TeilnehmerInnen aus den Arbeitsgruppen wurden von einem Mannheimer Journalisten unter anderem darüber interviewt, was denn deutlich geworden ist und welche Probleme im Vordergrund gestanden haben.

(4) *Verabredungen/Schlußfolgerung*: Die eingangs zu Statements aufgeforderten Personen sollten am Ende auf einer abschließenden Podiumsdiskussion persönliche Schlußfolgerungen für die weitere Arbeit abgeben.

2.3.3. Der Erfolg?

Etwa 200 Teilnehmer besuchten die Fachtagung, die kostenlos angeboten wurde. Unter ihnen befanden sich auch einige Ärzte, im wesentlichen aber waren es Pflegefachkräfte, Altenpflegeschüler, Sozialarbeiter und Heimleiter. Die Fachtagung wurde hinsichtlich des inhaltlichen Ertrags überwiegend als positiv gewertet, wenngleich auch einzelne Arbeitsschritte kritisiert wurden. Inhaltlich trug die Fachtagung dazu bei, daß Kontakte zwischen Heimen und Ärzten hergestellt, Konsens über bestimmte Fachfragen erzielt (etwa Bedeutung von Supervision) und bestimmte einfache Antworten widerlegt und andere Erklärungen gefunden wurden (z. B. offenbart Haftungsangst der Mitarbeiter ein „Leitungsdefizit"). Auch „Verleugnungen" freiheitsentziehender Maßnahmen im Heimalltag fanden sich in Statements, was die Defensive, in der sich einige Heimträger sehen, deutlich machte.

Effekte der Fachtagung können im einzelnen nicht nachgewiesen werden. Dennoch wird die Fachtagung, auch in ihren Vorbereitungen als wichtiger Schritt auf dem Weg zu einem Konsens und zur Herstellung eines kooperativen Klimas gewertet. Im Sinne eines Imagekonzeptes ließe sich die Fachtagung als Grundlage für weitere Aktivitäten der

Heimaufsicht machen. Ohne Fortsetzung aber bleibt die Fachtagung ein singuläres Ereignis, das das Bild der Heimaufsicht wenig ändern und auf das Projekt allein zurückgeführt wird.

2.3.4. Drei Arbeitsgruppenberichte

(1) Der Arbeitsgruppenbericht zum Thema „Verantwortlicher Umgang mit Psychopharmaka" wurde von Yvonne Hupe und Lena Ventzki verfaßt und hat folgenden Wortlaut:

Im Rahmen der Fachtagung „Der Würde Raum geben" ging es in der Arbeitsgruppe „Verantwortlicher Umgang mit Psychopharmaka" vor allem um Erfahrungsaustausch innerhalb der verschiedenen Berufsgruppen. Die vorwiegend weiblichen Teilnehmer kamen aus der Altenpflege und Altenausbildung, aus der Sozialarbeit und der Fach- und Allgemeinmedizin. Erklärtes Ziel der 45 Teilnehmer war es, den Einsatz von Psychopharmaka als eine Form der freiheitsentziehenden Maßnahmen in der Altenpflege auf die therapeutische Anwendung zu beschränken. Als Experte stand den Teilnehmern der in Mannheim niedergelassene Nervenarzt Dr. Thomas Schubert zur Verfügung.

Zu Beginn der Diskussion berichteten Altenpfleger und Ärzte über ihre Erfahrungen beim Einsatz von Psychopharmaka. So müsse die traditionelle, krankenhausähnliche Pflege den neuen Erfordernissen Rechnung tragen. Nur durch Verhaltensänderung der beteiligten Berufsgruppen könnten die Anforderungen, die eine moderne Heimpflege gewährleisten, erfüllt werden. Pflegepersonal und Vertreter der Ärzteschaft erhoben in der Diskussion gegenseitig Kritik.

Den Ärzten wurde mangelndes Engagement vorgeworfen: Sie nähmen sich zu wenig Zeit für den einzelnen Patienten. Manche Diagnose würde vom Dienstzimmer aus gestellt. In einigen Fällen seien die Allgemeinärzte fachlich überfordert. Mangelndes Verständnis beiderseits und Hemmungen der Altenpfleger, den Neurologen oder Psychiater hinzuzuziehen, führten dann zu einem gestörten Vertrauensverhältnis zwischen Arzt und Altenpfleger.

Weiterhin seien die Ärzte auf die Auskunft des Pflegepersonals angewiesen. Oft sei aber die heim- bzw. stationsinterne Kommunikation zwischen Stationsleitung und Mitarbeitern und insbesondere den Hilfskräften gestört. Unterschiedliche Arbeitsorganisation, häufiger Wechsel von Pflegepersonal und oberflächliche Kenntnis der Krankengeschichte und Biographie der Heimbewohner führe zu widersprüchlichen Auskünften an den Arzt. Aufgrund der heterogenen Information könne der Arzt eine

Diagnose oft nur schwer stellen. Ungenügende fachliche Kompetenz der Pflegekräfte, mangelndes Selbstbewußtsein und Durchsetzungsvermögen in der Zusammenarbeit waren die Hauptkritikpunkte der Ärzte. Aus den Beiträgen wurde deutlich, daß zwischen Altenpflegern und Ärzten nicht das partnerschaftliche Verhältnis besteht, welches für die optimale Pflege von psychisch kranken und alten Menschen notwendig wäre. Darüber hinaus fehle es in den Altenheimen an Möglichkeiten der Fortbildung für die Altenpfleger und an Supervisionsveranstaltungen. Gerade in der Fortbildung der Altenpfleger sahen viele Teilnehmer eine Chance, ihr Selbstbewußtsein zu stärken und sich dadurch gegenüber dem behandelnden Arzt besser durchsetzen zu können. Supervision mit den behandelnden Ärzten könne den Altenpflegern Hilfestellung geben, wie sie sich in kritischen Situationen verhalten sollen und wie man am besten eigene Stärken und Schwächen beurteilen lernt. Neben dem Wunsch nach tariflich anerkannter Fortbildung und mehr Möglichkeiten für Supervision wurden weitere Ziele ins Auge gefaßt: Verbesserung der internen Kommunikation in den Pflegeheimen; Aufbau des partnerschaftlichen Dialogs zwischen Ärzten und Pflegepersonal; Stärkung des Selbstbewußtseins und Erhöhung des Durchsetzungsvermögens durch fachliche Kompetenz. Die anwesenden AltenpflegerInnen wünschten sich, daß in zukünftigen Veranstaltungen der weibliche Umgang mit bestehenden Aggressionen zwischen Pflegenden und Gepflegten thematisch miteinbezogen wird.

Der Erfahrungsaustausch von Altenpflegern und Ärzten hat gezeigt, daß oft schon kleine Schritte Erfolg bringen können. Schon ein Gespräch zwischen Arzt und Pflegeteam kann dazu beitragen, daß in Zukunft Psychopharmaka auf den therapeutischen Einsatz beschränkt bleiben.

(2) Der Arbeitsgruppenbericht zum Thema „Die Angst vor der Haftung – Pflegekräfte sehen sich häufig unter Druck gesetzt" verfaßten T. Roschy-Germer und A. Schmid:

„Risiken gehören zum Pflegeberuf, sie können nicht ausgeschlossen, sondern müssen verantwortet werden." So lautete die Kernaussage von Professor Dr. Thomas Klie von der Evangelischen Fachhochschule in Freiburg im Arbeitskreis „Die Angst vor der Haftung". Anhand vieler Einzelbeispiele hatten die Teilnehmer ihre Ängste bei der Pflege älterer Heimbewohner geschildert – Ängste, die häufig auch durch Vorwürfe von seiten der Angehörigen oder Vorgesetzten geschürt oder durch zu hohe Ansprüche der Pflegekräfte an sich selbst und an ihre Arbeit sowie das Gefühl, zu wenig tun zu können, ausgelöst würden.

Ein zentraler Punkt der Diskussion in der Arbeitsgruppe war die Frage, inwieweit die Pflegekräfte für die ihnen anvertrauten Heimbewohner Verantwortung tragen. Diesbezüglich müsse das Pflegepersonal einschätzen, ob der ältere Mensch noch selbstverantwortlich ist, d. h, die Folgen seines Handelns abschätzen kann oder nicht. Daß diese Einschätzung nicht leicht falle, wird besonders bei nur zeitweise verwirrten Personen deutlich. Gleichzeitig würden die Gefahren, denen die älteren Menschen beispielsweise im Straßenverkehr ausgesetzt sind, oft überschätzt. Thomas Klie sah darin „überschwappende Ängste", die über die Fürsorgepflicht des Pflegepersonals weit hinausgingen.

Ungeklärte Verantwortungs- oder Zuständigkeitsbereiche im Heim verunsicherten die Mitarbeiter zusätzlich. Eine Teilnehmerin brachte es auf den Punkt, wie es ist, wenn man mit der Verantwortung allein gelassen wird: Ihr sei als Schülerin von ihrem Vorgesetzten lediglich gesagt worden: „Sie stehen mit einem Bein im Gefängnis. Achten Sie darauf, daß Sie sich absichern." Ein anderer Teilnehmer gab zu bedenken, daß sich diese Unsicherheit nachteilig auf die Motivation der Mitarbeiter auswirke. Thomas Klie wertete ungeklärte Verantwortungsbereiche als Führungsfehler der Heimleitung. Hier bedürfe es schon einer enormen Zivilcourage der Pflegekräfte, auch einmal Arbeiten abzulehnen, zu denen sie im Grunde nicht befugt sind.

Vielfach fühlten sich die Pflegekräfte durch die Forderungen oder Vorwürfe der Angehörigen der Heimbewohner unter Druck gesetzt. Für die Gruppenmitglieder stellte sich die Frage, wie weit das Mitspracherecht der Angehörigen insbesondere bei beschützenden Maßnahmen (zum Beispiel: Bettgitter) reicht. Der Versuch der Angehörigen, auf die Pflege und sogar auf Fixierungen Einfluß zu nehmen, bedeute für die Pflegekräfte eine große Belastung. Drohungen, wenn das Pflegepersonal entgegen deren Vorstellungen arbeitet, seien dabei keine Seltenheit: „Und Sie werden haftbar gemacht ... ". Thomas Klie stellte fest, daß die Konflikte zwischen Angehörigen und Pflegekräften sich nur im Vorfeld durch eine entsprechende Angehörigenarbeit der Heime verringern ließen. Ein Teilnehmer konnte bei der Angehörigenarbeit des Heimes, bei dem er beschäftigt ist, auf erste Erfolge verweisen: Dort würden die regelmäßigen Angehörigentreffen gerne wahrgenommen, und sie erleichterten sichtlich die Zusammenarbeit zwischen Angehörigen und Pflegekräften.

(3) Der Arbeitsgruppenbericht zum Thema „Der alte Mensch im Spannungsfeld zwischen Pflegepersonal und Angehörigen – Die Rolle der Angehörigen und der gesetzlichen Vertreter" – von Renate Behringer und Sabine Schnell verfaßt – lautet wie folgt:

„Immer, wenn die junge Frau ihre Tante im Altenheim besuchte, fanden die Pfleger die alte Frau völlig verwirrt vor. Sie war depressiv und weinte viel. Sie wurde von ihrer Nichte massiv unter Druck gesetzt.", erzählte eine Pflegerin. „Zum Schluß haben wir uns entschlossen, der Angehörigen Hausverbot zu erteilen, zum Wohl unserer Bewohnerin. Der Entschluß fiel uns schwer, wußten wir doch, daß sie die einzige Angehörige der alten Frau war." Verschiedene Fälle dieser Art kamen in der Arbeitsgruppe „Die Rolle der Angehörigen und der gesetzlichen Vertreter" im Rahmen der Mannheimer Fachtagung „Der Würde Raum geben – Persönliche Freiheit und Heimpflege" zur Sprache. Frau Bopp vom Sozialamt Mannheim, Leiterin der Betreuungsstelle, stand den über 20 Teilnehmern aus den Bereichen „Pflegedienst, Heimleitung, Sozialarbeit, Lehramt, Betreuung und Angehörige" mit vielen fachlichen Ratschlägen zur Verfügung. Unter den zahlreichen Informationen, die sie den Teilnehmern vermitteln konnte, war für viele vor allem der Hinweis neu, daß die Betroffenen ihre Betreuer frei wählen und auch wechseln können, wenn sie dies für wünschenswert halten. „Die wichtigste Aufgabe der Betreuer sollte sein, den Betroffenen das Gefühl zu geben, wirklich „betreut" zu werden", so Frau Bopp. Oft könnten gesetzlich bestimmte Betreuer distanzierter und individueller ihrer Aufgabe nachkommen; Angehörige seien nicht selten zu emotionsgeladen, weil Schuldgefühle, die eigene Mutter oder den eigenen Vater „abgeschoben" zu haben im Spiel seien, oder weil in einzelnen Fällen eigennützige finanzielle Überlegungen der Familienangehörigen eine Rolle spielten: Der natürliche Wille der Betroffenen werde häufig nicht genügend in die Überlegungen miteinbezogen.

Auch die Beziehung zwischen Angehörigen und Pflegenden sei oft gespannt. „Wir werden von einer Angehörigen gezwungen, ihre Mutter täglich zwei Stunden Mittagsschlaf halten zu lassen," berichtete eine Pflegerin. „Wir wissen aber, daß die Betroffene zu dieser Zeit gar nicht schlafen möchte. Dafür findet sie dann abends keine Ruhe. Die Angehörige aber droht, uns zu verklagen, falls ihrer Mutter einmal in dieser Zeit etwas zustoßen sollte." Hier, wie in anderen Fällen auch, riet Frau Bopp, das Vormundschaftsgericht einzuschalten, um solchen Problemen begegnen zu können.

Allgemein stellten sowohl Angehörige wie auch Pflegende immer wieder fest, daß viele Probleme und Diskrepanzen auf den großen Mangel an Kommunikation zurückzuführen seien. Gerade Pflegende würden zu wenig in Besprechungen und klärenden Gesprächen mit Ärzten, Betreuern und Angehörigen miteinbezogen. Auf beiden Seiten fehle es so an Verständnis, an umfassendem Wissen und an Zusammenarbeit.

Der einhellige Wunsch der Teilnehmer war, daß mehr Transparenz und Informationsaustausch zwischen allen Beteiligten gegeben ist. Nur so könne eine individuelle und optimale Betreuung der alten Menschen im Heim gewährleistet werden. Das schließe vor allem mit ein, die Wünsche und Bedürfnisse der Betroffenen selbst zu berücksichtigen und ihnen ihre persönliche Freiheit zu sichern.

2.4. Pflegefachkraft im Heimaufsichtsteam

2.4.1. Pflegesachverstand in der Heimaufsicht

Zur Beurteilung der Pflegequalität in den Heimen sehen sich die Bediensteten der Heimaufsichtsbehörden in aller Regel außerstande. Ihnen fehlt meistens das entsprechende Fachwissen und die praktische Erfahrung, um unsichtbare Pflegemängel zu entdecken, entsprechende Überprüfungen vorzunehmen und Hinweise auf Verbesserungsmöglichkeiten geben zu können. Gerade die Beratungskompetenz kann im bezug auf pflegerische Fragen bei den Mitarbeitern der Heimaufsicht nicht vorausgesetzt werden. Pflegefachfragen wurden tatsächlich weitgehend von den hinzugezogenen Ärzten der Gesundheitsämter beurteilt. Es sollte im Rahmen der Studie geprüft werden, ob sich durch die Einschaltung von Pflegefachkräften sowohl aus der Sicht der Einrichtungen als auch nach der Einschätzung der Heimaufsichtsbehörde die Nachschautätigkeit qualifizieren läßt. In Hessen etwa sind an allen Versorgungsämtern, die die Aufgaben nach dem Heimgesetz wahrnehmen, Pflegefachkräfte in das „Heimaufsichtsteam" integriert. Auch in Baden-Württemberg gibt es vereinzelt Heimaufsichtsbehörden, die Pflegefachkräfte an Nachschauen beteiligen. Es handelt sich hier entweder um die Hinzuziehung von Pflegefachkräften als Sachverständige, die geringfügig honoriert werden, oder aber um Pflegefachkräfte, die in kreiseigenen Einrichtungen tätig sind und „in Amtshilfe" hinzugezogen werden. Im Rahmen der Studie bzw. des Projekts wurde eine Pflegefachkraft in die Heimaufsichtstätigkeit in Mannheim einbezogen. Die damit gewonnenen Erfahrungen wurden ausgewertet und zu Empfehlungen ausformuliert.

2.4.2. Pflegefachkraft in der Heimaufsicht – Erfahrungen (Renate Behr)

Der Schilderung meiner Erfahrungen und der Schlußfolgerungen habe ich noch folgende Vorbemerkungen voranzuschicken: Veränderungen in der Bewohnerstruktur führten in den letzten Jahren zu differenzierteren Ansprüchen an das Leben und Wohnen im Heim. Konzeptionelle Entwicklungen und neue Organisationsformen haben schon einige Verbesserungen bewirkt. Die Einführung der dreijährigen, inhaltlich erweiterten und vertieften Altenpflegeausbildung in Baden-Württemberg hat das Berufsbild der staatlich anerkannten AltenpflegerInnen auf gewertet. In der Pflegewissenschaft und in der Gerontologie werden Modelle für die Pflege und Lebensgestaltung alter Menschen entworfen und erforscht. In der Fachöffentlichkeit und Sozialpolitik diskutiert man verstärkt über Formen der Qualitätssicherung und der Entwicklung von Pflegestandards.

Damit ergeben sich veränderte Ansprüche an die Heimaufsicht nach fachkompetenter Beratung und Überwachung insbesondere für den Bereich Pflege, um im Sinne des Heimgesetzes die Bedürfnisse und Interessen aller Beteiligten vor Beeinträchtigung zu schützen. Das Negativ-Image der Heimaufsicht als reine „Kontrollbehörde" soll sich zugunsten neuer Kooperationsformen mit den Heimen wandeln.

Bei Arbeitstreffen der Heimaufsicht in Mannheim mit Heimträgern und Heim- und Pflegedienstleitungen wurden in dieser Richtung Erfahrungen gesammelt. Beide Seiten drückten den Wunsch nach einer vertrauensvollen Zusammenarbeit aus, um auf einer partnerschaftlichen Basis langfristig eine Qualitätssicherung der Pflege alter Menschen in Alten- und Pflegeheimen zu erreichen.

1. BEGEHUNGEN

Während des Projekts wurde die Heimaufsicht durch eine Pflegefachkraft mit Verwaltungserfahrung in die Heimaufsichtskommission als Beraterin für die Heimaufsicht und die Heime ergänzt, die als Ansprechpartnerin für pflegerelevante Fragen an einigen Heimbegehungen teilnahm. An diesen Begehungen waren neben der hinzugezogenen Pflegefachkraft durchschnittlich sechs Personen beteiligt: vom Ordnungsamt eins bis drei Personen, vom staatlichen Gesundheitsamt eine Person, vom Heimträger eine Person und vom Heim zwei bis drei Personen.

Die Begehungen dauerten drei bis vier Stunden und umfaßten ein Einführungsgespräch aller Beteiligten, die eigentliche Begehung und ein abschließendes Reflexionsgespräch.

Vor den Begehungen fanden Vorbesprechungen zwischen dem Mitarbeiter der Heimaufsicht, der hinzugezogenen Pflegefachkraft und der Amtsärztin bzw. dem Amtsarzt statt, bei denen die Schwerpunkte der pflegerischen Überprüfung, die Rollenverteilung während der Besprechung und der Begehung sowie die Ergebnisprotokolle der letzten Begehung des jeweiligen Heimes besprochen wurden. Es wurden dabei nicht nur fachliche Fragen, sondern auch das Selbstverständnis und die Aufgabenwahrnehmung der beteiligten Personen thematisiert.

Das Einführungsgespäch zu Beginn einer Heimbegehung fand i. d. R. im Büro der Heimleitung statt. Grundlage dieses Gesprächs bildete das Formular „Ergebnisprotokoll der behördlichen Nachschau gemäß § 9 Heimgesetz" des Ordnungsamtes bzw. ein Fragebogen des staatlichen Gesundheitsamtes. Die Pflegefachkraft notierte wiederum ihre Anmerkungen auf einer eigenen Check-Liste. Diese Vorgehensweise – drei verschiedene Formulare mit inhaltlich fast gleichen Fragen – erwies sich als umständlich. Da den Heimen z. T. die Fragen-Protokolle schon vor der Begehung vorlagen, erleichterte dies die Gesprächsführung, indem weniger ein Frage-Antwort-, sondern ein themen- und problemorientiertes Gespräch stattfinden konnte. Angesprochen wurden von der Pflegefachkraft insbesondere die Themen:

(a) Umgang mit psychisch kranken BewohnerInnen und pflegerische Möglichkeiten,

(b) Freiheitsentziehende Maßnahmen und ihre Dokumentation,

(c) Aktivierende Pflegeangebote, Prophylaxen, Inkontinenzversorgung,

(d) Gruppenangebote und Beschäftigungstherapie.

Im Laufe des Gesprächs erfolgten durch die Mitarbeiter der Heimaufsicht beratende Hinweise.

Im Anschluß an das meist ein- bis anderthalbstündige Gespräch erfolgte die eigentliche Heimbegehung. Sie dauerte durchschnittlich zweieinhalb Stunden. Besichtigt wurden im allgemeinen Funktions- und Gemeinschaftsräume, Wohn- und Pflegegruppen und schwerpunktmäßig eine Pflegeetage, auf der auch mehrere HeimbewohnerInnen besucht wurden. Mit einigen BewohnerInnen wurde versucht, ein Gespräch zu führen. Dies war oft nur sehr eingeschränkt und oberflächlich möglich. Anschließend wurden im Stationszimmer geprüft:

(a) Pflegedokumentation, Inhalt und Handhabung,

(b) Dienstplan, Zeitraum für Übergabegespräche,

(c) Aufbewahrung von Arznei- und Pflegehilfsmitteln.

Auffallende Mängel wurden angesprochen und im Rahmen eines Beratungsgespräches nach einer Lösung gesucht.

Erfuhren bisher bei der Heimaufsicht hauptsächlich baulich-technische und hygienische Gesichtspunkte eine starke Aufmerksamkeit, so rückten nun auch pflegerische Aspekte, insbesondere in bezug auf die Betreuung psychisch veränderter alter Menschen im Heim, in den Blickpunkt. So fanden Prüfungen hinsichtlich der prophylaktischen und der aktivierenden Pflege statt. Die Pflegedokumentation wurde ausführlich angesprochen.

Bei Pflegemängeln hatte eine entsprechende Aufklärung der Pflegenden in Form von Beratung oder heiminterner Fortbildung Vorrang. Hier ergaben sich für die Mitarbeit einer Pflegefachkraft in der Heimaufsicht Handlungsmöglichkeiten, z. B. durch Initiierung von heiminternen bzw. -übergreifenden Fortbildungen, durch eingehende Beratung einzelner Wohn- und Pflegegruppen, durch Information und Beratung von BewohnerInnen, Heimbeiräten, Angehörigen und Ärzten.

In bezug auf die Heimbegehungen wurde von den befragten Mitarbeitern der Heime die Beteiligung einer Pflegefachkraft als Verbesserung empfunden, so daß hier ein weiterer Ansatzpunkt für eine veränderte Form der Heimaufsicht zu sehen ist – Beispiel:

Bei der Begehung des Stationszimmers wurde die Pflegedokumentation Marke „Standard" geprüft. Dabei wurde festgestellt, daß Eintragungen z. T. bewertend waren: „Frau E. benimmt sich wieder verrückt." Oder: „Frau E. ist hysterisch." Diese Aussagen geben nicht wieder, was Frau E. in der besagten Situation gemacht hat, wie sie sich verhalten hat und wie die Situation gestaltet war. Die Eintragungen konnten weder einem Arzt noch anderen Pflegekräften konkrete Angaben zur Einschätzung von Frau E. geben. Auf die Frage nach der Diagnose erklärte die Stationsschwester, daß die Bewohnerin schizophren und der Umgang mit ihr sehr schwierig sei. Gerade bei solchen „Diagnosen" ist es erforderlich, genau zu beobachten und zu dokumentieren, wann und in welchem Zusammenhang Frau E. sich auffällig verhält, damit der Neurologe eine zweckmäßige Therapie veranlassen kann und die Pflegenden sich angemessen verhalten können. Dokumentiert wurde nur sporadisch und dann auch nur negative Auffälligkeiten. Eine Pflegeplanung als Grundlage einer personenorientierten Pflege war nicht zu erkennen. Im Begehungsprotokoll wurde in diesem Fall sehr eingehend auf Sinn und Zweck der Dokumentation hingewiesen, das Gespräch mit den Fachkräften hatte insbesondere zum Ziel, Hilfen und Anregungen zur Pflegeplanung zu geben.

Wurden bei den Begehungen Fixierungen bei BewohnerInnen festgestellt, so wurde dies angesprochen und anhand der Pflegedokumentation überprüft. Allerdings waren zum Zeitpunkt der Begehungen nur wenige Fixierungen zu erkennen. In manchen Heimen beteiligte sich die diensthabende Stationsschwester an den Stationsbegehungen. Mit anderen Pflegekräften erfolgte kein Gespräch. Den Abschluß der Nachschau bildete ein Reflexionsgespräch meist im Büro der Heimleitung oder im Besprechungsraum stattfand. Hier wurden in bezug auf den pflegerischen Bereich von der Pflegefachkraft die Begehungsergebnisse zusammengefaßt:

(a) die Problematik von freiheitsentziehenden Maßnahmen,
(b) positive Ansätze der re-aktivierenden Pflege, der Gruppenpflege und der Pflegedokumentation,
(c) festgestellte Mängel, insbesondere bei der Handhabung der Pflegedokumentation,
(d) Alternativen für die festgestellten Mängel,
(e) Anregungen zur Formulierung für das Dokumentationssystem, zur Fortbildung der MitarbeiterInnen,
(f) Vorschläge zur Verbesserung der Kommunikation zwischen AltenpflegerInnen und MitarbeiterInnen der Beschäftigungstherapie im Sinne von Pflegeplanung und Förderung der Fähigkeiten der BewohnerInnen.

2. REAKTIONEN

Nach den Begehungen fanden Abschlußgespräche der Gesamtgruppe statt. Die Beteiligung einer Pflegefachkraft wurde insbesondere von den HeimmitarbeiterInnen positiv betrachtet: „Da kann ich jedenfalls mit jemandem reden, der die Pflege kennt und weiß, wovon ich rede", meinte eine Stationsleitung. „Die weiß ja dann, daß man nicht alles wie im Lehrbuch und ganz hygienisch machen kann, und daß wir uns bemühen." Der Hinweis auf die „gemeinsame Sprache" fiel häufig. Dabei ging es nicht nur um die verbale Kommunikation, sondern auch um die gesamte Situation: Die Pflegekräfte fühlten sich selbst ernstgenommen, da eine andere Pflegekraft sie befragte und dabei auch zu verstehen gab, daß sie die Situation der stationären Pflege kennt. Sie konnten Hinweise eher annehmen, wenn sie von einer Pflegefachkraft kamen, als wenn dies durch eine „Amtsperson" oder einem Arzt erfolgte. Die fachpflegerischen Nachfragen wurden weniger als Kontrolle, sondern als Mängelberatung im kollegialen Sinne verstanden.

Auch für die Heimleitungsebene war es wichtig, daß von seiten der Heimaufsicht als Gesprächspartner, aber auch als „Kontrolleur" eine kompetente Fachperson für den Bereich „Pflege" an der Begehung teilnahm. Ein privater Heimträger schätzte die Beteiligung einer Pflegefachkraft als positiv ein und meinte, daß dadurch das Vertrauensverhältnis zwischen dem Heim und der Heimaufsicht auf Dauer vertieft werden könne. Durch einen regelmäßigeren Kontakt und durch vertrauensbildende Maßnahmen – und dazu gehören auch Fachkompetenz und persönliches Engagement – lassen sich notwendige Verbesserungen in der Kommunikation erzielen."

Auch wenn sich bei den dargestellten Heimbegehungen alle Beteiligten um eine intensive Prüfung des jeweiligen Alten- und Pflegeheimes bemühten, so blieb der Eindruck, den Ansprüchen des Heimgesetzes nur annähernd genügen zu können. Es stellte sich die Frage, wie wirkungsvoll die Heimaufsicht durch ihre Art der Begehungen ist. Es entstand der Eindruck, daß der Schutz der BewohnerInnen durch das Heimgesetz bzw. durch die Heimaufsicht entgegen den Absichten des Gesetzgebers nur eingeschränkt gewährleistet werden kann, weil während einer Nachschau nur offensichtliche Pflegemängel und eindeutig meßbare Abweichungen von den Vorschriften der Heimmindestbauverordnung festgestellt werden.

Die vorhandenen Pflegemängel sind in der Gesamtschau nur für Personen erkennbar, die über Erfahrung, Fachkompetenz und aktuelles pflegerisches und gerontologisches Fachwissen verfügen. Ein unreflektiertes, am Defizitmodell orientiertes Altersbild kann ebenso wie die unkritische Übernahme der Ideologie der aktivierenden Pflege dazu führen, die Situation in einem Heim unangemessen einzuschätzen.

Die traditionell praktizierte Form der Heimaufsicht verkörpert eine retrospektive Kontrolle der Pflege, d. h. die Pflege wird betrachtet, nachdem sie ausgeführt wurde (z. B. durch die Prüfung der Pflegedokumentation, durch Befragung der BewohnerInnen und durch selektive Prüfung der pflegerischen Versorgung).

Die Beteiligung von BewohnerInnen ist begrenzt, ebenso der Einbezug der in der direkten Pflege tätigen Mitarbeiter.

Der kurzfristige Einblick in den Lebensalltag eines Heimes ermöglicht keine zusammenhängende Problemerfassung, die Feststellung von Mängeln ist somit eher zufällig und auch von subjektiven Werten und Einstellungen der beteiligten Personen und Berufsgruppen abhängig. Die von der Heimaufsicht eingesetzten Fragebögen stellen letztlich eine allgemeine Problemauswahl dar, so daß ihre Bedeutung für die jeweiligen Praxisbereiche des Heimes begrenzt ist.

3. FREIHEITSENTZIEHENDE ODER -BESCHRÄNKENDE MASSNAHMEN

Im Rahmen der Studie interessierte insbesondere die Überprüfung von freiheitsentziehenden und -beschränkenden Maßnahmen bei Heimbegehungen: Ist es zum einen möglich, durch Befragung der Heim- und Pflegedienstleitung, durch Hinweise auf die rechtliche Situation und durch die selektive, nur auf den Moment bezogene Besichtigung der Einrichtung die tatsächlichen freiheitsentziehenden Maßnahmen zu erkennen und

zum anderen fachlich und partnerschaftlich zu beraten? In der Pflegepraxis stößt das Selbstbestimmungsrecht verwirrter HeimbewohnerInnen
immer wieder auf Schwierigkeiten. Aus einem gutgemeinten, aber un-
reflektierten Schutzgedanken heraus entscheiden die Pflegekräfte, häufig
auch Angehörige und Ärzte, wie groß der Freiraum Verwirrter sein darf
und durch welche Mittel er begrenzt wird.

Es macht im Rahmen der Heimaufsicht wenig Sinn, bei festgestellten
Fixierungen mit Belehrungen über das Strafrecht oder das Betreuungsgesetz zu reagieren. Da die Fixierungen in der Regel von den Pflegenden durchgeführt werden und solchen Fixierungen eine komplexe Situation zugrunde liegt, hat eine entsprechende Aufklärung der Pflegenden im
Rahmen von Beratung Vorrang. Das Spannungsfeld zwischen dem Selbstbestimmungsrecht des verwirrten Heimbewohners und der Aufsichts- und
Betreuungspflicht der Pflegekräfte sollte ebenso thematisiert werden, wie
die Reflexion der eigenen Arbeit.

2.4.3. Pflegefachkraft in der Heimaufsicht: Empfehlungen

Aus den Erfahrungen und Befunden des Projekts bzw. der Studie sind
nachstehenden Empfehlungen zum Einbezug einer Pflegefachkraft in
die Heimaufsicht gewonnen worden:

(1) *Standardentwicklung und neue Kooperationsformen*: Die Einbindung einer Pflegefachkraft in die Heimbegehungskommission setzt
voraus, daß neben den bisherigen „meßbaren" Kriterien der Heimmindestbauverordnung, der Heimmitwirkungsverordnung und der
Hygienevorschriften Standards und Kriterien für den pflegerischen
Schwerpunkt entwickelt werden. Dies sollte auf verschiedenen Ebe-
nen erfolgen, die miteinander verknüpft sind:

(a) auf Landesebene in Fachkonferenzen der Heimaufsicht (zugleich
sollte auch ein Austausch mit den Verbänden der Heimträger erfolgen);
(b) auf kommunaler Ebene in Fachkonferenzen der Heimaufsicht mit
den Heimträgern, delegierten Heimmitarbeitern und Pflegeexperten;
(c) auf heiminterner Ebene in Qualitätszirkeln (Görres 1992).

Bei der Entwicklung von Standards kann die Heimaufsicht nicht die
Rolle einer vorgesetzten Behörde übernehmen, denn die Selbständig-
keit der Heimträger muß gewahrt bleiben (§ 2 Abs. 2 Heimgesetz).
Ebensowenig kann sie die Rolle einer Pflegekammer übernehmen.

Wenn sich die Heimaufsicht im Sinne des Gesetzes als Anwältin für die Rechte von Heimbewohnern versteht, so sollte sie in diesem Entwicklungsprozeß als Anwältin für die Interessen und Bedürfnisse der alten Menschen fungieren und die Sicherung der Pflegequalität als einen Aspekt von individueller Lebensqualität in den Heimen anregen und fördern. Dabei ist pflegerische und gerontologische Fachkompetenz ebenso wichtig wie rechtliche Kenntnisse und die Kenntnis der Lebenssituationen von Heimbewohnern.

Auf kommunaler Ebene kann die Heimaufsicht diesen Prozeß anregen und regelmäßige Fachkonferenzen mit Trägervertretern, Heim- und Pflegedienstleitungen, Pflegekräften, Heim- oder Seniorenbeiräten und Angehörigenvertretern initiieren. Die gemeinsame Formulierung von Standards bewirkt eine stärkere Identifizierung mit ihnen und eine höhere Verbindlichkeit. Die Zielsetzung ist dabei, einen Grundkonsens über die Sicherstellung von Pflege in den Heimen zu erreichen und die Kommunikation der beteiligten gesellschaftlichen Gruppen zu vertiefen. Die Heimaufsicht hat dadurch die Chance, sich von dem einseitigen Negativ-Image einer „Kontrollbehörde" zu lösen und zum Kooperationspartner zu werden. Die Beratung als Teil des Aufgabenfeldes nach dem Heimgesetz erfährt eine Höherbewertung und tritt als gleichwertiger Bestandteil des Handlungsrepertoires neben die Überprüfung und Kontrolle der Heime. Zugleich gehört ein solches Vorgehen zur bisher kaum üblichen Öffentlichkeitsarbeit der Heimaufsicht.

Auf der Ebene der Alten- oder Pflegeheime könnte die Heimaufsicht die Bildung von Qualitätszirkeln anregen und hierfür als Ansprechpartnerin für Belange nach dem Heimgesetz zur Verfügung stehen. Als Vertreterin der Heimaufsicht kann die Fachpflegekraft bei solchen Qualitätszirkeln als externe Beraterin hinzugezogen werden, insbesondere wenn es sich um Fragen nach dem Heimgesetz handelt. Auch hier gilt es, die Selbständigkeit der Heimträger zu wahren.

(2) *Heimbegehungen*: Neben der Beratung von Heimen und Heimträgern und der Kooperation mit ihnen und anderen gesellschaftlichen Gruppen bleibt die Kontrolle der Heime durch Begehungen ein wesentliches Instrument der Heimaufsicht.

Eine Heimbegehung mit pflegerischer Schwerpunktsetzung erfordert folgende Vorbereitung:

(a) ein gründliches Aktenstudium der bisherigen Ergebnisprotokolle,
(b) eine gemeinsame Absprache aller an der Heimbegehung beteiligten Personen der Heimaufsicht unter Berücksichtigung pflegefachlicher Fragestellungen,
(c) eine Abklärung der Rollen- und Aufgabenverteilung, die zu Beginn der Begehung den Mitarbeitern des betreffenden Heimes mitgeteilt werden sollte,
(d) eine Auswahl der Fragen, die bei der Begehung unter pflegefachlicher Sicht besonders anzusprechen sind.

Vor der eigentlichen Begehung eines Alten- oder Pflegeheimes ist es zweckmäßig, die Vorgehensweise der Begehung abzusprechen.
Die pflegerische Überprüfung und Beratung ist mit Hilfe eines Gesprächsleitfadens zu strukturieren.
Im abschließenden Reflexionsgespräch wird die Begehung gemeinsam ausgewertet. Dabei finden sowohl positive wie negative Auffälligkeiten Beachtung. Die Beratung bei offensichtlichen oder potentiellen Pflege- oder Betreuungsmängeln erfolgt im Sinne eines Problemlösungsprozesses.
Bei einem solchen Reflexions- und Beratungsgespräch kommt der Pflegefachkraft im Rahmen der Heimaufsicht eine hohe Bedeutung zu. Auf dem Hintergrund ihrer pflegefachlichen Kompetenz und dem Wissen um die Pflegepraxis muß sie gemeinsam mit den Vertretern des Heimes Handlungsalternativen entwickeln, ihnen Anregungen geben und dabei glaubwürdig sein. Belehrungen oder theoretische Empfehlungen sind hier nicht angebracht, sie können das Gesprächsklima und das Vertrauensverhältnis beeinträchtigen.
Das Ergebnis eines solchen Reflexionsgesprächs ist im Begehungsprotokoll festzuhalten und bei der nächsten Begehung wieder zu thematisieren. Dadurch erhalten die Protokolle einen höheren Verbindlichkeitswert. Sie sind die Basis einer kontinuierlichen Kontrolle. Auch die erwähnten positiven Aspekte sollten schriftlich festgehalten werden, um so den Heimen und ihren Mitarbeitern eine Rückmeldung über Fortschritte zu geben.

(3) *Organisatorische Einbindung einer Pflegefachkraft und ihre jeweiligen Aufgaben*: Die Einbindung einer Pflegefachkraft in die Arbeit der Heimaufsicht wird von befragten Heimträgern, Heim- und Pflegedienstleitungen und Pflegekräften sowie von Mitarbeitern der

Heimaufsicht begrüßt. Allerdings steht sie im Spannungsfeld zwischen wünschenswerter intensiver Beteiligung und knappen finanziellen Ressourcen der öffentlichen Kassen. Im folgenden sollen mögliche Vorgehensweisen aufgezeigt werden.

(a) *Variante 1 „festangestellte Pflegefachkraft"*: In der Heimaufsichtsbehörde arbeitet ganztags eine festangestellte Pflegefachkraft. Ihr Aufgabengebiet umfaßt die Heimbegehungen unter pflegefachlichen Gesichtspunkten mit einem anschließenden Beratungsgespräch. Sie ist die kontinuierliche Ansprechpartnerin für die Heime in Fragen heimrechtlicher Belange, die den Pflege- und Betreuungsbereich betreffen. In Form von halbjährlichen trägerübergreifenden Arbeitskreisen für Pflegedienstleitungen gibt sie Anregungen zur Entwicklung von Standards und Konzepten und weist dabei insbesondere auf die Situation von schwerstpflegebedürftigen und psychisch beeinträchtigten Bewohnern hin. Als Initiatorin dieser Arbeitskreise lädt sie externe Fachexperten ein und motiviert Heime und Pflegekräfte, ihre Erfahrungen und Konzepte vorzustellen. Im Einzelfall bietet die Pflegefachkraft ihre Mitwirkung bei heiminternen Fortbildungen zu heimrechtlichen Themen an und nimmt an Fallbesprechungen teil. Sie steht im regelmäßigen Austausch mit den Heimträgern und der Fachberatung der Heime. Jährlich werden von ihr die Heimbeiräte und -fürsprecher aller Heime im städtischen Gebiet zu einer Konferenz eingeladen. Außerdem nimmt die Pflegefachkraft auf Einladung an Heimbeiratssitzungen teil.

(b) *Variante 2 „Teilzeitpflegefachkraft"*: Eine Pflegefachkraft arbeitet halbtags in der Heimaufsichtsbehörde oder ist als Mitarbeiterin des Gesundheitsamtes teilweise für Aufgaben der Heimaufsicht zuständig. Zu ihrem Aufgabenbereich gehören die Heimbegehungen unter pflegefachlichen Gesichtspunkten und die anschließenden Reflexions- und Beratungsgespräche sowie die Gespräche mit Bewohnern und Pflegenden. In Zusammenarbeit mit dem Fachbeamten bereitet sie diese Begehungen vor und nach. Sie nimmt in einem halbjährlichen Rhythmus an heiminternen Besprechungen teil und berät die Pflegemitarbeiter und Vorgesetzten bei Fragen bezüglich des Heimgesetzes, insbesondere in bezug auf die Pflege von schwerstpflegebedürftigen und psychisch veränderten Bewohnern. Halbjährlich findet eine Fachkonferenz mit den Heimträgern und -leitungen statt, auf denen heimrechtliche, pflegerische und gerontologische Themen behandelt werden. Einmal jährlich werden die Heimberäte und -fürsprecher aller Heime zu einem Arbeitstreffen eingeladen. In Kooperation mit dem Fachbeamten entwirft die Pflegefachkraft ein Informationsblatt über die Heimaufsichtsbehörde und bietet Sprechstunden für die Öffentlichkeit an. Sie berät den Fachbeamten bei pflegerelevanten Fragen in bezug auf das Heimerlaubnisverfahren. Es erfolgt eine Kooperation mit den Amtsärzten. Dabei sind die Kompetenzbereiche zwischen dem pflegerischen und dem medizinischen Schwerpunkt abgeklärt. In Form von regelmäßigen Arbeitstreffen zwischen der Heimaufsicht und den Ärzten werden pflegerische, gerontologische und geriatrische Fragen besprochen und ein Grundkonsens geschaffen. Damit wird verhindert, daß es bei einer gemeinsamen Begehung, z. B. in bezug auf die Bewertung von Pflegesituationen oder Milieugestaltung in einem Heim, zu Unterschieden kommt.

(c) *Variante 3 „Honorarvertrag mit Pflegefachkraft"*: Eine Pflegefachkraft arbeitet auf der Basis eines Honorarvertrages bei der Heimaufsichtsbehörde oder wird aus kreiseigenen Einrichtungen als Sachverständige hinzugezogen (z. B. Altenpflegeschule). Sie nimmt als kompetente Person an Heimbegehungen teil und bereitet diese mit dem Fachbeamten und dem Amtsarzt vor und nach. Die Pflegefachkraft nimmt an den regelmäßigen Arbeitstreffen zwischen dem Fachbeamten der Heimaufsicht und dem Amtsarzt teil, auf denen Heimbegehungen geplant und vorbereitet werden und die gemeinsame Vorgehensweise besprochen wird. Außerdem nimmt die Pflegefachkraft an den halbjährlichen Konferenzen zwischen der Heimaufsicht und den Heimträgern bzw. -leitern teil. Diese Treffen dienen dem Austausch von Informationen und von konstruktiver Kritik und bilden die Basis für die nachfolgende Standardentwicklung und Qualitätssicherung.

2.4.4. Schlußfolgerungen

Die Erfahrungen mit der Pflegefachkraft in der Heimaufsicht lassen den Schluß zu, daß die regelmäßige *Beteiligung von Pflegesachverstand an den unterschiedlichen Aufgaben der Heimaufsicht* sinnvoll ist. Die bisherige Aufgabenwahrnehmung der Heimaufsichtsbehörden widerlegt die nicht selten geäußerte Behauptung, durch die

Ärzte des Gesundheitsamtes würde ausreichend Pflegesachverstand repräsentiert und bei den Begehungen berücksichtigt. Gleichzeitig wurde während der modellhaften Einbeziehung einer Pflegefachkraft deutlich, daß bei den Ärzten im Gesundheitsamt Bereitschaft besteht, Pflegefachfragen aufzunehmen, ihre Bedeutung zu erkennen und in die Nachschautätigkeit zu integrieren. Die Notwendigkeit einer eigenständigen pflegerischen Perspektive durch die Beteiligung einer Pflegefachkraft an der Heimaufsicht wurde jedoch nicht ohne weiteres gesehen. Der Pflegefachkraft fiel es ihrerseits schwer, die eigenständige Bedeutung der Pflege gegenüber ärztlichen Sichtweisen präzise zu benennen und in der kommunikativen Situation zu behaupten. Damit bilden sich typische Kommunikationsmuster zwischen Ärzten auf der einen und Pflegekräften auf der anderen Seite ab, die auch typisch für den Alltag der Pflege sind. Trotz dieses Umstandes erscheint die Einbeziehung einer Pflegefachkraft sinnvoll. Die besonderen kommunikativen Chancen, die sich durch die Einbeziehung einer Pflegefachkraft im Hinblick auf die Mitarbeiter des Heimes ergeben, wurden dargelegt. Sie bieten die Chance, neben einer „ehrlichen" gemeinsamen Bestandsaufnahme der Pflegesituation in den Heimen die fachliche Selbstregulierung zu unterstützen.

Für die Integration des Pflegesachverstandes in die Heimaufsichtsarbeit wurden *unterschiedliche Wege* aufgezeigt. Es bietet sich an, unterschiedliche Varianten zu erproben und auszuwerten. Im Hinblick auf freiheitsentziehende Maßnahmen mag die Einbeziehung einer Pflegefachkraft deutlich machen, daß es sich bei dem Fragenkomplex im wesentlichen um schwierige Pflegefachfragen handelt, die zunächst der fachlichen und nicht vordränglich der juristischen „Bearbeitung" bedürfen.

Die Pflegefachkraft im Heimaufsichtsteam kann einen *Beitrag zur Verringerung freiheitsentziehender Maßnahmen* leisten und damit auch betreuungsrechtliche Verfahren überflüssig werden lassen. Gleichzeitig kann sie zur Sensibilisierung gegenüber Gewaltmaßnahmen in Heimen beitragen, ohne das dies als fachfremde Einmischung von juristischer Seite her gewertet werden muß.

Auf einige Erfahrungen mit dem Einbezug von Pflegekräften in die Heimaufsicht kann schon zurückgeblickt werden: Mehrere Heimaufsichtsbehörden in Baden-Württemberg beteiligen inzwischen externe Pflegefachkräfte bei der Aufsichtstätigkeit als Sachverständige.

2.5. Information für Ärzte

Vielfach berichteten Pflegekräfte über das Unverständnis seitens der Ärzte, wenn sie diesen gegenüber rechtliche Bedenken bei der Verordnung von sedierenden Medikamenten oder der Veranlassung, Bettgitter aufzustellen, äußerten. Offenbar ist der Informationsstand der Ärzte über betreuungsrechtliche Fragen sehr unterschiedlich, teilweise sogar ausgesprochen gering. Demgegenüber ist die Verantwortung der Ärzte und auch ihre Autorität in der Kommunikation mit den Patienten und den Pflegekräften ausgesprochen groß. Sie sind es auch, die das ärztliche Zeugnis mit der Erforderlichkeit unterbringungsähnlicher Maßnahmen im Genehmigungsverfahren gemäß § 1906 Abs. 4 BGB auszustellen haben. Eine gute rechtliche Information der Ärzte ist Voraussetzung für eine kollegiale und gute Zusammenarbeit im Interesse der Patienten und der Bewohner. Da Ärzte in ihrer Mehrheit Fortbildungsveranstaltungen zu rechtlichen Fragen eher wenig interessiert gegenüberstehen und Einladungen in die Heime zur Erörterung derartiger Fragen eher nicht folgen, aber dennoch ihre Informationen und Aufklärungen als wichtig erachtet wurden, entschied sich der Arbeitskreis „Freiheitsentziehende Maßnahmen" dazu, die Ärzte über ein Merkblatt bzw. einen Artikel in einer medizinischen Fachzeitschrift zu informieren. Dieser Artikel wurde mit einem Begleitschreiben des Gesundheitsamtes an alle in Heimen tätigen Haus- und Fachärzte in Mannheim verteilt (siehe Anlage S. 130 ff.).

7. Kapitel
Richterliche Entscheidungspraxis in Anwendung des § 1906 Abs. 4 BGB und die Bedeutung der Heimaufsicht

Martin Bischof, Stephan Wolff

Fragen unterbringungsähnlicher Maßnahmen beschäftigen in erster Linie die Vormundschaftsgerichte im betreuungsrechtlichen Genehmigungsverfahren gemäß § 1906 Abs. 4 BGB. Die *Entscheidungspraxis* der Gerichte *variiert* zum Teil erheblich. Dies führt sowohl zu einer Verunsicherung der Einrichtungen, aber auch zu einem Glaubwürdigkeitsverlust staatlicher Institutionen. Wie unterschiedlich die Gerichte entscheiden, welche Strategien sie dabei verfolgen, welche Mitspieler für die Vormundschaftsgerichte von Bedeutung sind und welche Rolle der Heimaufsicht hierbei zugemessen wird, ist Gegenstand der nachfolgenden Ausführungen (Abschnitt 2.), die die Ergebnisse einer in Norddeutschland durchgeführten Studie zusammenfassen. (Sie wurden übrigens auch auf einer Fortbildungsveranstaltung für die Heimaufsichtsbehörden in Baden-Württemberg vorgetragen). Sie vermitteln nicht nur ein Verständnis für die unterschiedlichen Praktiken der Gerichte, sondern lassen auch die Praxis der Heimaufsichtsbehörden aus einem anderen Blickwinkel betrachten. Zuvor skizzieren wir kurz die Fragestellung und die methodische Vorgehensweise der Studie (Abschnitt 1.). Abschließend werden wir Gesichtspunkte zur Beurteilung der Entscheidungspraxis vorschlagen (Abschnitt 2.).

1. FRAGESTELLUNG UND METHODISCHER ZUGRIFF

Ausgehend von der Frage nach der Möglichkeit der Intervention in die nach außen sich abgekapselt gebenden Heime, wählten wir die Praxis der Vormundschaftsgerichte zum Gegenstand unserer Untersuchung, da die Gerichte eine zentrale Rolle im Feld der beteiligten

Institutionen spielen. Dort werden Informationen gesammelt, ein Fall wird konstruiert, die Richter entscheiden, was als rechtmäßig angesehen wird und was nicht. Von den Handlungen und Einschätzungen der Richter hängt die Praxis im Verfahren und auch im Feld der beteiligten Institutionen ab. Ihre Auseinandersetzung mit den Heimen sowie der relevanten Umwelt, wie z. B. Gutachtern, Betreuern und Angehörigen, macht sie zu wichtigen Mitspielern im System der beteiligten Institutionen. Für uns sind sie darüber hinaus ein lohnendes Untersuchungsobjekt, da sie über ein großes Maß an „experimentellen Erfahrungen" in dem o. g. Feld verfügen.

Für den Beobachter ist es beeindruckend zu sehen, wie groß die örtlichen und regionalen Unterschiede der Praxis der Gerichte sind. Das läßt sich auf unterschiedliche Voraussetzungen in der Umwelt, etwa die Verfügbarkeit qualifizierter Gutachter, aber auch auf persönliche Faktoren der Richter, wie Arbeitsstil und Einstellungen, zurückführen.

Wir haben versucht, die Strategie der Richter mit unseren sozialwissenschaftlichen Methoden zu rekonstruieren und die ihnen zur Verfügung stehenden verschiedenen Optionen vor allem im bezug auf die Vernetzung im Feld und die Zusammenarbeit mit anderen Institutionen diskutierbar zu machen. Aus empirischen Gründen schien es uns wegen der o. g. Gründen unerläßlich zu sein, eine breite regionale Streuung unserer Datenquellen zu haben. Wir führten daher Experteninterviews mit Richtern, Psychiatern und Heimmitarbeitern in sechs verschiedenen Gerichtsbezirken Niedersachsens, Hamburgs und Nordrhein-Westfalens durch. Darüber hinaus brachte uns ein Workshop mit Experten aus verschiedenen Städten des Ruhrgebiets an der Fachhochschule Bochum zahlreiche wichtige Informationen zum Thema „Betreuungskonstellationen".

Das zweite Standbein unserer empirischen Untersuchung war die Analyse der Akten aus ca. 100 Verfahren zweier niedersächsischer Gerichte. Diese Verfahren stammen aus den Jahren 1989 bis 1991. Die Arbeit an den Akten sollte unsere Informationen aus den Interviews über die Stragie der Richter und die Vernetzung der beteiligten Institutionen vertiefen. Sie wurde durch teilnehmende Beobachtungen von Anhörungen ergänzt.

Unsere Daten stammen also überwiegend aus der Umbruchphase kurz vor Einführung des Betreuungsgesetzes. Über die möglichen Auswir-

kungen dieser Änderungen wird man auch unter strategischen Gesichtspunkten diskutieren können.

2. Gericht und Umwelt – Vorstellung der Strategievarianten

Am Anfang stehe zwei Strategievarianten, die sich an einer eher
engen Auslegung der rechtlichen Normen orientieren. In der Auseinandersetzung um die Umsetzung der Bestimmungen des Betreuungsgesetzes hat zum Beispiel H. Holzhauer (1992, S. 249) eine dieser
praktischen Umsetzungen nahestehende Interpretation vorgelegt. Die
folgenden zwei Strategievarianten orientieren sich nicht so nahe am
traditionellen Verständnis der Richterrolle: Die Richter versuchen in
diesen Fällen, Strategien zu entwickeln, die den Sinn des Gesetzes
auf offensivere Weise verwirklichen. Nach der Vorstellung dieser vier
fast idealtypischen Varianten möchten wir noch auf einige weitere
örtliche Besonderheiten eingehen.

2.1. Amtsgericht „A": bei Bedarf Beschluß

In „A" sind die ersten Anträge auf Genehmigung freiheitsentziehender Maßnahmen 1990 gestellt worden. Anlaß waren zwei Fortbildungen für die Leiter der Alten- und Pflegeheime, die vom leitenden
Arzt der Sozialpsychiatrische Dienste durchgeführt worden sind. Der
ebenfalls eingeladene Richter konnte aus Gründen der Arbeitsüber-
lastung nicht teilnehmen.
Bis Juli 1991 waren 61 Anträge beim Amtsgericht eingegangen, die
aus 3 von 18 Heimen im Landkreis stammen. Es waren zum Teil
Sammelanträge: die Freiheitsentziehungen wurden mit einem Schrei-
ben für bis zu 22 Personen gleichzeitig beantragt. Auf die Beanstandung des Gerichts hin, daß nur die Betreuer antragsberechtigt seien,
wurde in vielen Fällen ein formaler Antrag des Betreuers nachge-
reicht. Es liegen aber auch Beschlüsse ohne Antrag des Betreuers
vor, was nach § 1906 Abs. 1 BGB nicht vorgesehen ist. (Ähnliche
Vorgehensweisen fanden wir auch an anderen Gerichten.) Besonders
wichtig scheint uns, daß die Initiative zu den Antragstellungen immer
vom Heim ausging.

Die erste bei Gericht eingehende Informationsquelle über den Sachverhalt ist die ärztliche Bescheinigung des Heimarztes, die vom Heim oft mit dem Antrag eingereicht wird. Dies war auch in den hier untersuchten Fällen so. Daraus geht im wesentlichen eine extrem knappe Diagnose und die Art der für notwendig gehaltenen Maßnahme hervor. Die folgende Bescheinigung gehörte schon zu den längsten: „Frau F. ist geistig verwirrt und sehr unruhig. Wegen mehrer schwerer Stürze aus dem Bett und über das Bettgitter muß die Patientin fixiert werden."

Die Anhörung wurde vom Richter gemeinsam mit dem Gutachter, einem pensionierten Psychiater, vorgenommen. In „A" stehen nach Auskunft des Gerichts nur sehr begrenzt andere Gutachter zur Verfügung. Die Anhörung war gleichzeitig Untersuchungssituation: Richter und Psychiater stellten Fragen nach der zeitlichen und räumlichen Orientierung der geistig verwirrten Person. Die im Protokoll von einer halben bis maximal einer Seite Länge festgehaltenen Antworten der Betroffenen thematisierten hauptsächlich diesen letztgenannten Aspekt.

Nach seinem in der Anhörung getroffenen Eindruck, der Diagnose des Heimarztes und eventuell in der Pflegschaftsakte vorliegenden älteren Gutachten, fertigte der Sachverständige seine gutachterlichen Äußerungen an. Er orientierte sich dabei an den vom Gericht vorgelegten Fragen nach der Fähigkeit des Betroffenen, seinen Aufenthalt selbst zu bestimmen, und der Möglichkeit der Verständigung darüber sowie an der Frage, ob das Wohl des Betroffenen ein Bettgitter erforderlich macht. Der Gutachter beantwortete die Fragen eindeutig und begründete die Antwort mit seiner Einschätzung der krankheitsbedingten Defizite des Betroffenen. Aufgrund der relativ engen Orientierung an der Fragestellung, sind die Gutachten sehr kurz, bis maximal zwölf Zeilen – Beispiel: „... Eine diesbezügliche Verständigung (gemeint sind die Fragen nach der Aufenthaltsbestimmung) mit der Betroffenen war nicht möglich. Bei der Anhörung erschien die Betroffene i. S. einer senilen Demenz hochgradig psychisch gestört. Ein Bettgitter ist nötig."

Die Ermittlungen dieses Gerichts orientierten sich stark an einem für die Entscheidung relevanten Sachverhalt. Bedingungen, die einen Einfluß auf die Notwendigkeit einer Freiheitsentziehung haben könnten, wie Pflegebedingungen, räumliche Gegebenheiten, Medikation und die Möglichkeit alternativer Behandlungen, wurden nicht thematisiert.

Die meisten Beschlüsse des Amtsgericht „A" genehmigten die beantragte Freiheitsentziehung. Ablehnende Bescheide haben wir nicht gefunden. In einigen Fällen wurde jedoch darauf hingewiesen, daß die Betroffenen selbst noch in der Lage sind, zu entscheiden, ob sie ein Bettgitter wollen. Alle Beschlüsse gestatteten die beantragte Maßnahme für den üblichen Höchstzeitraum von 24 Monaten. Das Amtsgericht verknüpfte die Beschlüsse nicht mit Einschränkungen oder Auflagen, wie z. B. einer Dokumentationspflicht. In Zukunft ist durch Intervention der „Besuchskommission" – das ist eine im niedersächsischen Psychischkrankengesetz vorgesehene Aufsichtskommission für die Krankenhäuser und großen Wohneinrichtungen – und des Landessozialamts als Kostenträger ein neuer Kreis von Betroffenen zu erwarten. Diese empfehlen nämlich den Behinderteneinrichtungen, ihre Dienstanweisung so zu ändern, daß Genehmigungen für freiheitsentziehende Maßnahmen beantragt werden.

2.2. Amtsgericht „B": i. d. R. keine Genehmigung

Zu einer ganz anderen Umsetzung der gesetzlichen Vorgaben kam man am Amtsgericht „B". Dort gibt es nur einen Richter, der mit vormundschaftsrechtlichen Sachen befaßt ist. Das Einzugsgebiet des Gerichts umfaßt einen hauptsächlich ländlichen Raum mit kleineren bis mittelgroßen Altenpflegeeinrichtungen. Im Vergleich zu Amtsgericht „A" fällt auf, daß es bis Anfang 1992 nur zwei Fälle in „B" gab; im statistischen Vergleich müßten es etwa 30 bis 40 Fälle sein. In den beiden genannten Fällen wurde keine Genehmigung zur Fixierung erteilt. Das Gericht unterscheidet generell zwischen freiheitsbeschränkenden Maßnahmen, wie kurzfristige Fixierungen, die nicht genehmigungspflichtig sind, und freiheitsentziehenden Maßnahmen, wie Fixierungen, die regelmäßig oder über wesentliche Teile des Tages stattfinden. Diese sind nach Auffassung des Gerichts in der Regel nicht genehmigungsfähig, da sie unverhältnismäßig und nicht das „mildeste Mittel" sind. Das Gericht hält in diesen Fällen eine geschlossene Unterbringung für geeigneter.

Für eine mögliche Verbesserung der Situation der Heimbewohner durch gezielte Beschlüsse oder für die Intensivierung der Zusammenarbeit der potentiellen Mitspieler hält sich der Richter in „B" nicht für zuständig. Von ihm stammt die Aussage: „Ich bin doch nicht die Heimaufsicht."

2.3. Amtsgericht „C": Optimierung auf der Fallebene

„C" ist eine norddeutsche Großstadt mit einer überdurchschnittlich guten psychiatrischen Versorgung. Es gibt dort die Besonderheit des Sektorprinzips, d. h. die psychiatrischen Versorgungseinrichtungen sind jeweils für die Bewohner bestimmter Stadtbezirke zuständig. Diese Aufteilung wurde von der Abteilung „Vormundschaft" des Amtsgerichts übernommen. Die Fälle werden also nach dem Wohnsitz der Betroffenen den Richtern zugeteilt. Dadurch ist die Möglichkeit zu einem sehr intensiven Kontakt der einzelnen Richter zu „ihren" Einrichtungen und „ihren" Gutachtern gegeben. Die Vernetzung der ca. acht zuständigen Richter untereinander ist dagegen relativ gering, da sie nur in ihrem jeweiligen Sektor arbeiten. Der einzelne Richter weiß oft nicht viel über die Praxis seiner Kollegen.

(a) *Fallbeschaffung*: Die Initiierung der ersten Fälle des Amtsgerichts „C" lassen sich vor allem auf die Aktivitäten eines Richters zurückführen, der sich in dem Bereich „Freiheitsentziehung" stark engagiert hat. Durch den guten Kontakt zu Ärzten der sozialpsychiatrischen Klinik seines Zuständigkeitsbereichs konnte er auf informellem Wege den Anstoß zu den ersten Anträgen geben. 1988 führte er eine Fortbildung für die Heimleiter in seinem Sektor durch, die sehr gut besucht war und eine intensive Diskussion auch in den anderen Stadtgebieten auslöste. Bei dieser Veranstaltung waren übrigens auch Mitglieder der Heimaufsicht vertreten. Darüber hinaus praktiziert der Richter bei seinen Besuchen in den Heimen eine Art aktiver Fallbeschaffung. Er fragt auch bei Fixierungen von Personen, die er nicht anhört, nach Grund und Dauer der Fixierung und dem Vorliegen eines Beschlusses.

Im folgenden schildern wir die Entwicklung in dem Sektor unseres Interviewpartners. Anhand der Akten läßt sich belegen, daß er zwar eine Avantgarde-Rolle hatte, die Praxis im gesamten Stadtgebiet jedoch nicht grundsätzlich davon abweicht. Im Gegensatz zu den Gerichten „A" und „B" ist man hier sehr bemüht, auf der Ebene des Einzelfalls zu Entscheidungen zu kommen, die die individuelle Pflegesituation berücksichtigen und wenn möglich verbessern.

(b) *Ermittlung*: Um die Qualität der Entscheidungen optimieren zu können, stellt das Gericht in „C" hohe Anforderungen an ein Gutachten. Man setzt sich mit dem vom Heim angegebenen Sachverhalt kritisch auseinander, z. B. durch Überprüfen, ob die angegebenen Stürze sich noch im Rahmen des altersüblichen bewegen, ob etwaige Störungen (Gangunsicherheit, Gleichgewicht) durch den „Behandlungscocktail" hervorgerufen sind usw. Die Situation des Betroffenen soll möglichst über die Diagnose hinaus, so z. B. die Behandlungssituation, mögliche Alternativen und Rehabilitationsmaßnahmen, angesprochen werden. Den Paradefall eines solchen Gutachtens stellt das folgende Beispiel dar. Es ermöglichte dem Richter, mit dem Hinweis auf das Vermögen der Betroffenen die Einstellung einer zusätzlichen Betreuung anzuregen und somit eine Fixierung überflüssig zu machen. Die Regel sind eher Vorschläge, die eine Veränderung der Behandlung (meist Medikation) betreffen. „Wenn sich eine Betreuungskraft tagsüber mit Frau M. beschäftigen und herumgehen würde, wäre eine Fixierung überflüssig. Außerdem kann man davon ausgehen, das die Dosis des Neuroleptikums herabgesetzt werden könnte, weil eine Ruhigstellung zumindest tagsüber nicht mehr erforderlich wäre."

Das Amtsgericht „C" akzeptiert ausschließlich fachärztliche Gutachten. Bisher wurden die Gutachten meist von den zuständigen Sozialpsychiatrischen Diensten angefertigt. Da die Ärzte der Sozialpsychiatrischen Dienste eine Überlastung durch die steigende Gutachtenzahl infolge des Betreuungsgesetzes fürchten, stehen sie in Zukunft nur noch für ihre eigenen Patienten als Gutachter zur Verfügung. Um diese Lücke zu füllen, beabsichtigen die Richter, auf die heimbetreuenden Nervenärzte zurückzugreifen.

Sie bewerten den verstärkten Einsatz der Heimpsychiater als vorteilhaft, da diese die Situation gut kennen, eigene Behandlungserfahrungen vor Ort haben und somit in der Lage sind, einen „Langzeitblick" zu entwickeln, der Gutachtern, die neu in eine Situation kommen, fehlen muß. Darüber hinaus werden die Heime genötigt, sich um betreuende Psychiater zu kümmern, was den Pflegestandard nur heben kann. Einer möglichen Parteilichkeit des Gutachters durch seine Bindung an die Einrichtung und die Zusammenarbeit mit dem Personal meint der befragte Richter, durch ein aktives Mißtrauen begegnen zu können. In den in unserem Material befindlichen Gutachten von Heimpsychiatern konnten wir feststellen, daß verschiedene Alternativen (z. B. Medikation, geschlossene Unterbringung versus Fixierung) abgewogen werden.

In unserem Aktenmaterial zeigte sich, daß die Gutachten in „C" überdurchschnittlich differenziert sind. Ihre Länge beträgt im Durchschnitt etwa eineinhalb bis zwei Seiten. Durch die häufige Miteinbeziehung der Behandlungs- und Pflegesituation wurden mögliche Alternativen zu den Zwangsmaßnahmen aufgezeigt. Einige Gutachten thematisierten zum Beispiel die Medikation. Dieser relativ hohe Standard der „Gutachtenkultur" in „C" ist vermutlich auf die gute Versorgung der Großstadt und die intensive Vernetzung von Gericht und Psychiatrie durch das Sektorprinzip zurückzuführen.

(c) *Anhörung*: Ein weiterer Baustein in dem Bemühen um die Verbesserung der Situation des Betroffenen ist die Anhörung. Sie wird am Amtsgericht „C" für die Ermittlung über ihre Funktion hinaus als eine Problemlösungssituation verstanden. Zu diesem Zweck versuchten in den vorliegenden Fällen die Richter, möglichst alle Beteiligten bei der Anhörung zu versammeln. Es werden idealerweise auch Gutachter, Betreuer und Heimpersonal an der Erarbeitung einer Lösung beteiligt. Die Fälle, in denen das gelungen ist, zeichneten sich durch besonders differenzierte, kreative Lösungen aus. Auch die Protokolle solcher Anhörungen unterschieden sich sehr vom üblichen Standard. Die Textteile, die sich mit der Feststellung des Sachverhalts befaßten, traten gegenüber lösungsorientierten Teilen in den Hintergrund – ein Beispiel: „... Darüber hinaus wurde mit den Beteiligten die Frage erörtert, ob das Wohl der Betroffenen durch eine Veränderung der Betreuungsform – wie etwa die Verlegung auf eine Pflegestation – positiv verändert werden könnte. Hierzu wurden die verschiedensten Standpunkte vorgetragen. Konkrete Lösungsmodelle für die bestehende Problematik konnten jedoch nicht erarbeitet werden."

Auch über den Einzelfall hinaus verstehen die Richter Anhörungen und Gutachten als Interventionen in das Heim. Man hofft, durch das Aufzeigen von Alternativen zur Freiheitsentziehung in einzelnen Fällen, Impulse für eine Verbesserung der Praxis des Heims auch in anderen Fällen zu geben.

Daneben wurde/wird auf eine verstärkte Kontrolle gesetzt. Unser Interviewpartner berichtete uns, daß er zu Beginn der Anhörung in die Dokumentationsmappe schaut, um möglichst viele Vorinformationen zu bekommen. Oft war schon das Ende der Anhörung, wenn z. B. der Bewohner noch mobil ist, Ausflüge mitgemacht hat und nur drei Stürze im letzten Jahr dokumentiert sind. In solchen Fällen lehnt(e) er einen Beschluß ab. Eventuell nachgeschobene mündliche Berichte von zusätzlichen Gefahrensituationen, die nicht dokumentiert sind, werden im Zweifelsfall nicht berücksichtigt, schon um zusätzlichen Druck für eine Verbesserung der Pflegedokumentationen zu schaffen. Dieses Mißtrauen bringt er jedoch nicht allen Heimen entgegen. Er unterscheidet zwei Kategorien von Heimen: Bei den besseren ist er davon überzeugt, daß man sich um eine optimale Pflege bemüht, bei der zweiten Kategorie hält er eine verstärkte Kontrolle für angebracht. Von einer ähnlichen „Aufteilung in vertrauenswürdige und weniger vertrauenswürdige Heime" wurde uns übrigens an mehreren weiteren Gerichten berichtet.

(d) *Beschluß*: Die direkteste Möglichkeit des Gerichts, die Situation des Betroffenen zu beeinflussen, bietet der Beschluß. Nachdem man am Amtsgericht „C" anfangs schon das Zustandekommen von Beschlüssen als Fortschritt wertete, wurde man sich bald der Gefahr bewußt, die eine pauschale Genehmigung mit sich bringt. Einmal gerichtlich abgesegnet, kann für zwei Jahre „mit gutem Gewissen" fixiert werden. Daher schränkte das Amtsgericht „C" bald darauf die Genehmigungen meistens zeitlich ein. Außerdem erlaubte es nur selten, den ganzen Tag zu fixieren. Die Genehmigungen wurden meist nur für 20 Stunden täglich oder weniger erteilt.

Auch in der Geltungsdauer gab es Unterschiede. Die üblichen 24 Monate wurden oft nicht ausgeschöpft, obwohl die erneute Aufnahme des Verfahrens eine Mehrbelastung für das Gericht bedeutet. In Fällen, wo eine Änderung der Situation zu erwarten war oder noch alternative Behandlungen ausprobiert werden sollten, sind die Genehmigungen häufig auf ein bis sechs Monate befristet erteilt worden, um dem Gericht die Möglichkeit einer weiteren Überprüfung zu geben. Erst die Folgebeschlüsse schöpften den Zeitraum von 12 bis 24 Monaten weiter aus, wenn die Chancen einer Verbesserung der Situation des Betroffenen als gering eingeschätzt wurden.

Mit weiteren Auflagen, etwa Dokumentationspflicht, hat man in „C" bisher selten gearbeitet. Es wird jedoch zur Zeit diskutiert, die Dokumentationspflicht verbindlich und nach festgelegten Maßstäben einzuführen.

(e) *Fazit*: Die Strategie des Amtsgericht „C" besteht hauptsächlich darin, bei der Bearbeitung des Falls eine möglichst optimale Lösung anzuregen. Das Richterbild entspricht dem eines Moderators, der besonders das Gutachten und die Anhörung zu einer Erweiterung der zur Verfügung stehenden Informationen und gleichzeitig als Interventionsform nutzt. Unser Gesprächspartner verbindet seine Anwesenheit in den Heimen mit der Wahrnehmung zusätzlicher Kontrollfunktionen. Er sagt selbst, daß er sich manchmal wie eine Art Hilfssheriff fühlt.

2.4. Amtsgericht „D": Kultivierung des Feldes

Die bevorzugte Strategie des Amtsgerichts in „D", einer norddeutschen Großstadt, setzt an den Beziehungen auf der Feldebene an. Hier versucht(e) man sehr offensiv, Freiheitsentziehung, die dahinterstehenden Probleme und mögliche Alternativen zum Gegenstand eines die Institutionen übergreifenden Diskurses zu machen und so Impulse für Veränderungen zu setzen. Die Entwicklung dieser Strategie wurde durch verschiedene örtliche Besonderheiten begünstigt. Die am Vormundschaftsgericht beschäftigten Richter sind offenbar daran interessiert (gewesen), informelle Kontakte zu pflegen. Es gibt schon seit längerem eine gemeinsame Supervision, in der z. B. die Art der Gesprächsführung bei einer Anhörung bearbeitet wird. Das Vormundschaftsgericht erhält auch Unterstützung durch den Gerichtspräsidenten; so erfolgt die Abrechnung der Arbeitszeit nicht wie üblich nach Fallzahlen. Die Richter können ihre Arbeit also flexibler und selbständiger gestalten. Bei der Neubesetzung von Stellen werden die Wünsche der Richter berücksichtigt, was die Kooptierung engagierter junger Kollegen ermöglicht. In „D" gibt es keine Sektorisierung, die Verteilung der Fälle erfolgt nach Aktenzeichen. Die relativ guten Kontakte der Richter untereinander werden sicher auch durch die damit verbundene stärkere Überschneidung der Arbeitsgebiete gefördert. Für die Bewohner eines Heimes sind oft mehrere Richter zuständig. Man ist so gezwungen, die Strategie dem Heim gegenüber abzusprechen.

(a) *Vorgeschichte*: Ende der achziger Jahre ist das Thema „Freiheits-entziehungen" auch hier vor allem von einem Richter (unserem Interviewpartner) aufgegriffen worden. Nach einer Diskussion im Kollegenkreis hat man, um „die Sache ins Gespräch" zu bringen, ein Rundschreiben, in dem die Rechtsauffassung des Amtsgerichts „D" dargelegt wurde, an die Heimbehörde, Klinikchefs und einige Heimleitungen verschickt. Daraufhin kam es zu einem Treffen in diesem Kreise, bei dem der Regelungsbedarf auch von der Seite der Heim- und Psychiatrievertreter bestätigt wurde.

(b) *Veränderungen in den staatlichen Heimen*: In „D" befindet sich ein großer Anteil der Alten- und Pflegeheime in staatlicher Trägerschaft. Diese Heime unterstehen dem „Amt für Heime" der „Behörde für Gesundheit, Arbeit und Soziales". Der Leiter des Psychiatrischen Dienstes dieser Heimbehörde hat das Anliegen der Richter besonders unterstützt. Er führte 1989 eine Umfrage in den staatlichen Heimen durch, mit dem Ergebnis, daß von ca. 5 000 Bewohnern 475 von freiheitsentziehenden Maßnahmen betroffen waren (Wojnar 1991, S. 89). In einer Arbeitsgruppe wurde zusammen mit den Richtern eine Änderung der Dienstanweisung erarbeitet. Die Änderung bestand im wesentlichen aus den folgenen Punkten:

(a) Verschärfung der Dokumentationspflicht. Die Maßnahmen müssen jetzt detailliert begründet werden.

(b) Für jede Maßnahme ist die Anordnung des Heimarztes erforderlich. Er trägt auch die Verantwortung für unterlassene Fixierungen.

(c) Die technischen Mittel (Gurt usw.) werden zentral gelagert und nur unter Angaben der Person, für die sie bestimmt sind, und der Gründe herausgegeben.

Parallel dazu führte die Heimbehörde in Zusammenarbeit mit den Richtern Fortbildungsveranstaltungen für das Personal durch. Nach Überzeugung der Arbeitsgruppe war die Angst des Personals, für eventuelle Sturzverletzungen verantwortlich gemacht zu werden, ein Hauptanlaß der Fixierungen. Ziel der Fortbildungen war daher unter anderem, die oft übertriebene Angst vor der Haftbarkeit bei Stürzen zu reduzieren. Dieses Maßnahmenpaket war sehr erfolgreich, ein Jahr später, 1900, gab es nur noch 26 Freiheitsentziehungen. Inzwischen pendelte sich die Zahl bei etwa 50 ein, das bedeutet einen Rückgang um ca. 90 %, der erreicht werden konnte, ohne mehr Personal oder Psychopharmaka aufzuwenden.

Von den Veränderungen in den staatlichen Heimen erhofft man sich auch Ansteckungseffekte für die Heime anderer Träger. Das Amtsgericht führt seither dort regelmäßige Fortbildungen durch.

(c) *Gerichtsverfahren als Mittel der Intervention*: Als ein weiteres Mittel der Intervention wurden andere Gerichtsverfahren genutzt, die die Möglichkeit boten, die Diskussion zum Thema „freiheitsentziehende Maßnahmen" voranzutreiben. Das Vormundschaftsgericht hat(te) zwar keinen direkten Einfluß auf die genannten Verfahren, es setzt(e) jedoch auf die Öffentlichkeitswirkung besonders von Strafverfahren. 1988 kam es in „D" zu einem Strafverfahren, in dem es um Fixierungen ging. Das Gericht hatte dabei zwar „niemanden baumeln lassen"; es kam zu keiner Verurteilung. Doch die bis dahin geduldete Praxis geriet ins Rampenlicht und wurde weiter thematisiert. Wichtig war dieser Fall vor allem aufgrund eines Gutachtens, das sich grundsätzlich mit dem Thema „Fixierung von dementen Patienten" vor allem unter ärztlichen und pflegerischen Gesichtspunkten befaßte. Es setzte auch überregional Maßstäbe für die weitere Beurteilung von Fixierungen (Lotze 1989, S. 48 ff.).

Ein zweiter, für die weitere Argumentation wichtiger Prozeß ist durch die Aktivitäten des von den Richtern unterstützten Anwaltskreises ermöglicht worden. Es ist gelungen, die Klage eines Betroffenen wegen einer unrechtmäßigen Fixierung bis vor das Oberlandesgericht zu bringen, was sehr selten möglich ist, da die Betroffenen aus naheliegenden Gründen oft nicht bereit und in der Lage sind. Ein langwieriges Verfahren anzustreben. Auch dieses Urteil wurde in der Fachpresse publiziert und bietet seither den Richtern die Möglichkeit, sich auf die Feststellungen einer höheren Instanz zu berufen.

Die Strategie des Amtsgerichtes „D" besteht vor allem in der möglichst breiten öffentlichen Thematisierung von Freiheitsentziehungen. Die Richter fühlen sich über die Bearbeitung einzelner Fälle hinaus auch für die Kultivierung des ganzen Feldes zuständig.

2.5. Amtgericht „E": Einverständnis statt Beschluß?

Bisher wurde noch nicht thematisiert, wie der von Fixierung Betroffene dahin kommt, wo er ist. In „E" sind z. B. die Sozialdienste der

Krankenhäuser und die Sozialpsychiatrischen Dienste als wichtige Mitspieler zu nennen, die für die Auswahl der geeigneten Einrichtung verantwortlich sind, ein auch im Hinblick auf Freiheitsentziehung möglicherweise wichtiger Schritt. Das Gericht nimmt allerdings keinen Einfluß auf diese Entscheidung.

Das Verhältnis der Angehörigen zum Heim lag ebenfalls außerhalb unseres Fragehorizontes. In „E" wurde jedoch von den Experten darauf hingewiesen, daß die Angehörigen und – allerdings seltener – auch die Betreuer das Heim häufig massiv unter Druck setzen, die Bewohner optimal zu sichern. Ängste um die körperliche Unversehrtheit sind ihnen oft wichtiger und naheliegender als die Freiheitsrechte der Betroffenen. Das Heim sieht sich den Angehörigen gegenüber zumeist verpflichtet und gerät unter Rechtfertigungsdruck. Deutlich wurde das am Beispiel einer teilweisen Öffnung der geschlossenen Station eines Pflegeheimes. Sie war nur mit intensiver Überzeugungsarbeit gegen die Befürchtungen der Angehörigen um die Sicherheit der Bewohner durchzusetzen. Ähnliche Erfahrungen haben die Heimmitarbeiter auch beim Verzicht auf Fixierungen bzw. Bettgitter gemacht.

Auch die Betroffenen sind in „E" in den Kreis der Mitspieler gerückt, da der Richter die Praxis mehrerer Heime, Einverständniserklärungen über Anwendung von Bettgittern einzuholen, akzeptiert und unterstützt. Die Heime in „E" verwenden dafür Vordrucke (mit vergrößerter Schrift), auf denen die Betroffenen ihr Einverständnis erklären und widerrufen können. Diese Vordrucke liegen jederzeit mit Schreibmaterial im Nachtschrank. Der Richter findet diese Lösung überzeugend. Mündliche Einverständniserklärungen akzeptiert er zwar auch, ist aber bei der Anhörung generell mißtrauisch und klärt, inwieweit eine wirksame Einwilligung vorliegt. Die Rolle der Verfahrenspfleger bei der Anhörung hält der Richter für nicht zufriedenstellend, da es sich um Anwälte handelt, die eine rein juristische Kompetenz haben. Sozialarbeiter wären ihm lieber, sind jedoch nicht verfügbar.

Die Möglichkeit, Betreuer und Angehörige zu aktivieren, hält man in „E" für begrenzt. Sie erhalten zwar immer Benachrichtigungen über die Anhörungstermine, bislang kamen sie in 99 % der Fälle jedoch nicht.

Ganz andere Erfahrungen hat man dagegen am Amtsgericht „F" gemacht. Hier spielen die Betreuer nach Auskunft unserer Experten eine größere Rolle. Die Anträge bei Gericht werden grundsätzlich von den Betreuern gestellt, der Antrag dazu kommt allerdings – wie an den anderen Orten auch – vom Heim. Die Betreuer kommen in der Regel auch zu den Anhörungen und werden von den Richtern als zweite kritische Instanz empfunden. Diese Aktivität der Betreuer in „F" hängt mit dem als sehr engagiert eingeschätzten Betreuungsverein zusammen, der für seine Mitglieder Fortbildung und Beratung in Rechtsfragen organisiert.

Im folgenden wollen wir noch kurz einige Ausführungen zu den Gesichtspunkten machen, unter denen wir die Tauglichkeit der verschiedenen Strategievarianten diskutiert haben.

3. Vier Gesichtspunkte zur Beurteilung der Strategien

Will man die Strategien der Gerichte und der einzelnen Richter beurteilen, muß man berücksichtigen, daß die Ressourcen der Vormundschaftsgerichte sehr knapp sind. Insbesondere brachte die Einführung des Betreuungsgesetzes eine erhebliche zeitliche Mehrbelastung mit sich. Lösungen, die eine umfangreiche richterliche Arbeitszeit zur Folge haben, ohne gleichzeitig die Aussicht auf Zeitersparnis zu eröffnen, sind daher nicht zu realisieren. In unserer Diskussion haben sich vier zentrale Gesichtspunkte herausgeschält, unter denen wir die Tauglichkeit der *strategischen Optionen* diskutiert haben:

(a) die Situationsangemessenheit,
(b) die Förderung der eigenen Lernfähigkeit,
(c) die Wahrung der richterlichen Berufsrolle,
(d) die Förderung von Prozessen der Selbstregulation.

(a) *Situationsangemessenheit*: Die Interventionen des Gerichts finden in einem bestimmten Kontext statt, der – wie oben beschrieben – örtlich stark variiert. Die Situation in einer Großstadt mit guter Versorgungsstruktur ist z. B. eine ganz andere als in ländlichen Bereichen. Es kommt also darauf an, „passende" Optionen zu finden.

(b) *Lernfähigkeit*: Um die Auswirkungen der eigenen Handlungen unter Kontrolle halten zu können, muß sich der Richter darum bemühen, sich selbst lernfähig zu machen. Wie ist es ihm möglich zu verstehen, was er mit seinen Handlungen bewirkt, eventuell auch anrichtet kann und vor allem: Wie kann er sich diese Informationen zur Feinabstimmung seiner Strategie nutzbar machen? Die kognitionspsychologischen Forschungen Dörners (1989) zeigen, daß die Fähigkeit zur erfolgreichen Steuerung komplexer Systeme eng mit einer hohen Umweltsensibilität verbunden ist, die ein langsames Herantasten an optimierte Interventionen erlaubt.

Zu diesem Zweck ist es günstig, wenn sich das Gericht um wiederkehrende Möglichkeiten der Informationsgewinnung bemüht. Dazu können beispielsweise auf der Ebene der Intervention ins Heim Auflagen zur Dokumentation, eine regelmäßige Berichtspflicht oder eine Wiedervorlage beim Gericht genutzt werden. Auf der Ebene der Betreuungskonstellationen sind regelmäßige Arbeitsgruppen, wie sie zum Beispiel im Regierungsentwurf des Betreuungsgesetzes als Arbeitskreis „Betreuung" geplant waren, aufgrund des Vorteils der Institutionalisierung von wechselseitigen Informationsmöglichkeiten vor einmaligen Fortbildungsveranstaltungen einzuräumen.

(c) *Wahrung der richterlichen Berufsrolle*: Thomas Klie (1993, S. 33 ff.) hat in seinem Vortrag beim Dritten Vormundschaftsgerichtstag auf die Probleme hingewiesen, die mit der gutgemeinten Überschreitung der richterlichen Berufsrolle verbunden sind. Indem Richter, wie in unserer Darstellung vor allem am Amtsgericht „C", ihre Zuständigkeit auf sozialarbeiterische und kontrollierende Aufgaben ausdehnen, überfordern sie leicht ihre eigenen Ressourcen. Sie sind dann auch noch abends unterwegs. In der Strategievariante „Optimierung des Einzelfalls" ist keine Stoppregel eingebaut, die eine Entgrenzung des richterlichen Handelns verhindert. Neben dem Problem der Etablierung einer Praxis, die von der persönlichen Bereitschaft des Richters zur Überforderung abhängig ist, besteht die Gefahr, daß spezifisch rechtliche Steuerungsmöglichkeiten zu kurz kommen.

(d) *Förderung der Selbstregulation*: Da der Richter nicht alles selbst regeln kann, besteht eine Alternative in der Nutzung des Selbstregulationspotentials des Feldes. Interventionen, die auf Systemwirkungen zielen, versuchen durch gezielte Irritationen die Eigendynamik des Systems zu nutzen. Dazu gehört vor allem die Aktivierung geeigneter Mitspieler, welcher in erster Linie das Heim ist, aber potentiell auch die anderen beteiligten Organisationen. Aus verschiedenen Gründen bisher weitgehend ungenutzt und daher als Mitspieler wünschenswert scheint uns neben den Betreuerorganisationen in erster Linie die Heimaufsicht zu sein.

Schlußbemerkung
Selbstbestimmung sichern, Pflege würdigen

Freiheitsentziehende Maßnahmen gehören zur Normalität in Pflegeheimen. Noch wird in deutschen Heimen zuviel, zu häufig und im Grunde vermeidbar von freiheitsentziehenden Maßnahmen Gebrauch gemacht. Dies gilt nicht als absolut: In manchen Situationen sind freiheitsentziehende Maßnahmen nicht nur die ultima ratio in fachlicher Hinsicht, sondern im Sinne der betroffenen Heimbewohner die gebotene Hilfe: Etwa im Falle einer „umtriebigen" Dementen, die ziellos umherläuft, die Station verläßt, um sodann voller Angst auf die ihr unbekannten Umgebung zu reagieren, bis hin zu psychischer und physischer (Stürze) Dekompensation.

Freiheitsentziehende Maßnahmen in Heimen fordern mehr Sensibilität für Zwangs- und Gewaltmaßnahmen im Alltag der Pflege. Hier hat das Betreuungsrecht einiges bewirkt: „Atavistische Formen" freiheitsentziehender Maßnahmen wurden in den letzten Jahren deutlich verringert. Dennoch sind „alltägliche Unfreiheiten" erschreckend verbreitet. Die vom Sozialministerium Baden-Württemberg herausgegebene Arbeitshilfe konnte nur eingeschränkt einen Beitrag zur erhöhten Sensibilität leisten. Freiheitsentziehende Maßnahmen sind im wesentlichen eine fachpflegerische Herausforderung, die nur interdisziplinär bewältigt werden kann. Fachfragen stehen im Vordergrund, die nicht an Juristen zu delegieren sind. Die Gefahr des Betreuungsrechts liegt darin, daß es Legitimationsmöglichkeiten eröffnet, die das fachliche Nachdenken zum Ende bringen können, wenn Zwangsmaßnahmen richterlich genehmigt wurden.

Mit der Frage freiheitsentziehender Maßnahmen sind unterschiedliche Instanzen und Mitspieler beschäftigt: Ärzte, Angehörige, Pflegekräfte, Betreuer und Richter. Voraussetzung für die Etablierung von „fixierablehnenden Milieus" ist das Zusammenwirken aller Mitspieler. Der Heimaufsicht als „Agentur für Menschen- und Bürgerrechten in Heimen" kommt hier eine besondere Moderationsaufgabe zu. Um einem solchen Aufgabenverständnis genügen zu können, muß sie sich vielerorts konzeptionell neu orientieren und fachlich qualifizieren.

Freiheitsentziehende Maßnahmen gehören zum Alltag der Pflegenden. Auch im Rahmen dieser Untersuchung kam vor allem Kritisches zur Sprache und darum sollen am Ende dieses Buches zwei Berichte von alltäglichen Versuchen zur Verringerung der alltäglichen Unfreiheiten in einem Pflegeheim stehen. Sie stehen pars pro toto für unzählige alltägliche Bemühungen um eine menschenwürdige Pflege alter Menschen.

Beispiel 1 (Michael Klas):

Ehepaar W., beide desorientiert, ziehen ins Pflegeheim ein, da ihre bisher sie betreuende Tochter verstarb. Sie konnten nicht mehr allein in ihrer Wohnung bleiben. Ihre bisherige Wohnung befindet sich in relativer Nähe zum Pflegeheim. Es gibt noch einen behinderten Sohn, der sie regelmäßig besucht und wenige Kontakte zu den ehemaligen Nachbarn.

Auf Initiative des Ehemannes versucht das Ehepaar immer wieder das Haus zu verlassen. Sie werden aber meist frühzeitig daran gehindert, oder aber es gibt Anrufe im Pflegeheim: Ein verwirrtes Ehepaar sei gefunden worden.

Diese immer wiederkehrende Situation wird für die Mitarbeiter zu einer großen Belastung, und es ist ihnen peinlich, wenn Anrufe kommen. Es wurden Überlegungen angestellt, das Ehepaar zu trennen und den Mann, der der schwierigere sei, anderweitig, z. B. in der Psychiatrie, unterzubringen oder den Hausarzt zu bitten, entsprechende Psychopharmaka zur „Beruhigung" zu verordnen.

In dieser Situation kommt es zur Intervention durch einen Mitarbeiter des Sozialdienstes, der – bevor irgendwelche Maßnahmen ergriffen werden – die Ursache für das „Weglaufen" geklärt haben möchte. Zuerst versucht er durch Gespräche mit dem Sohn und den Nachbarn zu erfahren, wie das Ehepaar W. sich verhielt, als beide noch zu Hause wohnten. Desweiteren schlägt er vor, daß die Pflegemitarbeiter ihm mitteilen, wenn sich das Ehepaar W. wieder auf den Weg macht, damit er ihnen im entsprechenden Abstand folgen kann, um zu beobachten, wo die beiden hingehen und wie sie sich dabei verhalten.

Es stellt sich heraus, daß die beiden immer den gleichen Weg gehen, vom Heim in die Innenstadt zur Sparkasse. Sie wollen dort Geld abheben. Sie ruhen sich ebenfalls dort aus (normalerweise kam dann der Anruf im Heim von dort), gehen anschließend zum Metzger und wieder zurück ins Heim. Dabei überqueren sie mehrmals problemlos stark befahrene Straßen. Anschließend essen sie ihre mitgebrachte Wurst und Brötchen.

In Gesprächen mit dem Sohn, den Nachbarn und den Mitarbeitern in der

Sparkasse und beim Metzger stellt sich heraus, daß das Ehepaar W. seit Jahrzehnten diesen Gang macht. Sie haben ihr Konto bei dieser Sparkasse und kaufen auch immer bei dem gleichen Metzger ein. Da ihre frühere Wohnung in der Nähe des Heimes lag, war der Weg vom Heim in die Innenstadt fast der gleiche.

Vor diesem Hintergrund wird bei der Sparkasse ein Konto für ihren Barbetrag angelegt und mit den Sparkassenmitarbeitern vereinbart, daß das Ehepaar dort ihr Geld abheben kann. Sowohl mit den Mitarbeitern der Sparkasse als auch mit denen der Metzgerei wird ein Gespräch über die „Merkwürdigkeiten" des Ehepaares geführt. Man vereinbart, daß gegebenenfalls im Heim angerufen werden soll, z. B. bei großer Erschöpfung der beiden, damit sie dann abgeholt werden können. Nachdem all dies geklärt ist, ist es für die Mitarbeiter erheblich einfacher, die „Weglaufgefährdung" des Ehepaares W. zu akzeptieren und zu verstehen. Eine anderweitige Unterbringung oder die Verordnung von Psychopharmaka steht seither außerhalb der Diskussionen.

Beispiel 2 (Michael Klas):

Frau K., alleinstehend, ohne Freunde und Familie versucht jeden Morgen, direkt nach dem Aufstehen und Ankleiden das Heim zu verlassen. Sie wird allerdings von den Mitarbeitern daran gehindert, da sie sowohl örtlich als auch zeitlich erheblich desorientiert ist. Frau K. spricht immer davon, daß sie nach Hause müßte, um eine wichtige Angelegenheit zu erledigen.

Diese sogenannte Weglaufgefährdung führt zu erheblichen Problemen bei den Pflegemitarbeitern, da insbesondere am Morgen sehr viel zu tun ist und man sich nicht in der Lage sieht, auf Frau K. aufzupassen. Frau K. wird in der Wohngruppe zu einem sogenannten Problemfall, bei dem etwas geschehen muß. Eingehende Diskussionen führen zu keiner adäquaten Lösung.

Frau K. fährt, trotz ihrer Desorientiertheit, mit fünf anderen Bewohnern und zwei Mitarbeitern (die ihr bekannt und vertraut sind) für fünf Tage in Urlaub in ein Hotel in einer ländlichen Gegend. Die Urlaubsgruppe fühlt sich wohl und genießt das spannungsfreie Leben im Hotel. In dieser Atmosphäre erzählt Frau K. aus ihrem Leben: Sie sei auf einem großen Bauernhof aufgewachsen und habe dort bis zur Vertreibung mit ihrer Familie gelebt. Sie sei neben anderen Tätigkeiten für die Versorgung des zahlreichen Federviehs zuständig gewesen, das in einem etwas abseits gelegenen Stall untergebracht war. Sie habe das Federvieh morgens früh herausgelassen und entsprechend versorgt. Eine Aufgabe, die sie gerne erledigt habe. Die beiden Mitarbeiter vermuten, daß es einen Zusammenhang zwischen dem „Weglaufen" im Heim und den Erlebnissen auf dem Bauernhof gibt. Die Vermutung ist, daß Frau K. am Morgen ihr Federvieh versorgen möchte bzw. den alten Bauernhof sucht, auf dem sie einen Großteil ihres Lebens verbracht hat.

Im Heim gab es seit längerer Zeit Hühner, die etwas abseits in einem kleinen Stall untergebracht sind. Die Mitarbeiter zeigen Frau K. das Hühnerhaus und besuchen mit ihr regelmäßig die Hühner. Nach einer gewissen Zeit wird Frau K. gefragt, ob sie am Morgen die Hühner herauslassen und nach dem rechten sehen wolle. Frau K. willigt sofort ein. Seither geht sie öfters am frühen Morgen außer Haus und öffnet den Hühnerstall und schaut nach dem rechten.

Frau K. verläßt seither das Heimgelände nicht mehr. Sie versorgt allerdings die Hühner nicht regelmäßig, und ihr morgendlicher Gang führt auch nicht immer direkt zum Hühnerhaus. Seither können die Mitarbeiter Frau K. gehen lassen und beruhigt ihrer Arbeit nachgehen. Die Spannungen sind zwischen Frau K. und einzelnen Mitarbeitern verschwunden und eine vertrauensvollere Beziehung ist gewachsen. Dabei stellt sich unter anderem heraus, daß Frau K. gerne raucht. Sie ist seither für Mitarbeiter ein willkommener Anlaß für eine Zigarettenpause.

Anlage

FIXIERUNGSPRAXIS – GEFÄHRDETE FREIHEIT IN INSTITUTIONEN*
Prof. Dr.jur. Thomas Klie

Das neue Betreuungsgesetz schreibt ausdrücklich vor, daß Fixierungen und andere sogenannte „unterbringungsähnliche Maßnahmen" nur in ausgesprochenen Notsituationen und auch nur mit gerichtlicher Genehmigung zulässig sind. Demgegenüber sind bundesweit Fixierungen in der Gerontopsychiatrie und in Pflegeheimen noch recht verbreitet. Das neue Betreuungsrecht verlangt von allen Beteiligten eine höhere Sensibilität und wird von dem Anliegen getragen, freiheitsentziehende fürsorgliche Zwangsmaßnahmen in der Praxis abzubauen.

Ein Großteil der Bewohner/-innen von Pflegeheimen ist von dementiellen Veränderungen betroffen. Sie leiden an Verwirrtheitszuständen unterschiedlicher Ausprägung und Intensität. Nicht selten sehen sich Pflegekräfte in Pflegeheimen wie in der Gerontopsychiatrie – ggf. nach Absprache mit oder auf Initiative und Verordnung von Ärzten – zur fürsorglichen Zwangsmaßnahmen veranlaßt: Seien es zur Nacht Bauchgurte, Bettgitter oder sedierende Medikamente bzw. am Tag abgeschlossene Zimmer, Stecktische am Stuhl oder Trickschlösser auf der Station. Bewohner/-innen drohen zu stürzen, wegzulaufen, aggressiv oder störend gegenüber Mitbewohnern zu agieren; Selbstgefährdung ist die meist angegebene Begründung für derartige Zwangsmaßnahmen.

1. Therapeutischer Unsinn?

Aus ärztlicher Sicht wird der therapeutische Sinn solcher Maßnahmen in Frage gestellt[1] und die mehr oder weniger starke Schädlichkeit etwa von Fixierungen konstatiert[2]. Bezüglich der Vergabe von Psychopharmaka werden Bedenken vor allem hinsichtlich der Nebenwirkungen geäußert[3]. Zurückgeführt werden Zwangsmaßnahmen oft auf die ungünstige personelle Austattung in Heimen. Bei mehr oder besser qualifiziertem Personal wären Zwangsmaßnahmen vielerorts und in dem jetzt vorhandenen Umfang nicht nötig – so häufig vorgetragene Argumente aus der Praxis.

Untersuchungen zur Verbreitung von Fixierungsmaßnahmen gibt es nur wenige: Wojnar kam 1989 für norddeutsche Pflegeheime auf etwa 10 % von mechanischen Fixierungen betroffenen Heimbewohner/-innen[4]. Hirsch berichtet von 21 % mechanisch fixierter Partienten auf einer gerontopsychiatrischen Akutstation in Bayern[5].

Der fachliche Tenor: „Es wird zu viel und zu häufig fixiert – in vielen Fällen sind Fixierungen vermeidbar"[6].

Lotze schreibt allerdings auch selbstkritisch: „Ich weiß, daß das Fesseln von alten Menschen eine atavistische Barbarei ist und komme doch (nicht immer) ohne sie aus"[7].

2. Aus juristischer Sicht

Juristisch betrachtet erscheinen Fixierungen und ähnliche Maßnahmen als Eingriffe in die im Grundgesetz besonders geschützten Freiheitsrechte.

Art. 2 Abs. 2 GG stellt die Fortbewegungsfreiheit als besonderes Gut heraus, Art. 104 Abs. 2 GG verlangt prozedural die Genehmigung von freiheitsentziehenden Maßnahmen durch einen Richter ebenso wie bei der Festnahme durch die Polizei. Das neue Betreuungsgesetz[8] nimmt – in Aufnahme einer sich nach altem Recht herausbildenden Rechtsprechung, die in verfassungskonformer Auslegung der maßgeblichen Vorschriften die Genehmigungsbedürftigkeit von Fixierungen etc. statuiert hatte[9] – die verfassungsrechtlichen Wertungen auf und unterstellt nun expressis verbis alle einschneidenden freiheitsbeschränkenden Maßnahmen in § 1906 BGB der richterlichen Genehmigungspflicht. Wie aus Übersicht 1 ersichtlich, fällt darunter die gesetzliche Unterbringung in Heimen oder Krankenhäusern ebenso wie die dauerhafte oder regelmäßige mechanische oder chemische Fesselung.

Der Gesetzgeber hielt eine klare gesetzliche Vorgabe für nötig,

o da in der Praxis der Heime und Krankenhäuser bundesweit noch häufig das Bewußtsein von der Notwendigkeit einer rechtlichen Legitimation fürsorglich ausgeübten Zwangs fehlt oder verdrängt wird;

Übersicht 1: Freiheitsentziehende Maßnahmen.

(a) Geschlossene Unterbringung
Eine freiheitsentziehende Maßnahme liegt bei Unterbringung in einer geschlossenen (geschützten) Station in einer Einrichtung (Krankenhaus oder Heim) vor.

(b) In sogenannten „offenen" Einrichtungen oder Stationen kommen als freiheitsentziehende Maßnahmen in Betracht:
- Schutzdecke, Leibgurt im Bett oder am Stuhl, Bettgitter, Pflegehemd
- Fixierung der Arme oder Beine
- Stecktisch am Stuhl (z. B. Geri-Stuhl)
- Abschließen des Zimmers, der Station, des Hauses
- Trickschlösser oder Zahlenkombinationen an Türen und Aufzügen, schwergängige Türen
- psychischer Druck (z. B. durch Drohung) oder psychischer Zwang
- Täuschung (Tür sei angeblich verschlossen)
- Verbot, das Zimmer, die Station oder das Haus zu verlassen
- sedierende Medikamente, die die Ruhigstellung des Betroffenen bezwecken
- Arretieren des Rollstuhls

o da die tatsächliche Legitimation von Grundrechtseinschränkungen mit dem Argument der ungünstigen finanziellen Rahmenbedingungen und personellen Ausstattung in Pflegeheimen insbesondere dementiell erkrankte Heimbewohner/-innen einem schutzlosen und verfassungsfreien Raum überantwortet[10];
o um alle Beteiligten (Ärzte, Pflegende und Gepflegte) gleichermaßen im sensiblen Bereich soziale Abhängigkeitsverhältnisse vor Übergriffen zu bewahren.

Es wird mit der neuen Vorschrift des § 1906 BGB (im Wortlaut siehe Übersicht 2) die Hoffnung verbunden, daß sie dazu beiträgt, im Zusammenwirken von Pflegekräften, Ärzten, Behörden, Justiz und Angehörigen fürsorgliche Zwangsmaßnahmen abzubauen.

Übersicht 2: Der neue „Betreuer-Paragraph" § 1906 BGB im Wortlaut

(1) Eine Unterbringung der Betreuten durch den Betreuer, die mit Freiheitsentziehung verbunden ist, ist nur zulässig, solange sie zum Wohl des Betreuten erforderlich ist, weil
(a) aufgrund einer psychischen Krankheit oder geistigen oder seelischen Behinderung des Betreuten die Gefahr besteht, daß er sich selbst tötet oder erheblichen gesundheitlichen Schaden zufügt, oder
(b) eine Untersuchung des Gesundheitszustandes, eine Heilbehandlung oder ein ärztlicher Eingriff notwendig ist, ohne die Unterbringung des Betreuten nicht durchgeführt werden kann und der Betreute aufgrund einer psychischen Krankheit oder geistigen oder seelischen Behinderung die Notwendigkeit der Unterbringung nicht erkennen oder nicht nach dieser Einsicht handeln kann.
(2) Die Unterbringung ist nur mit Genehmigung des Vormundschaftsgerichtes zulässig. Ohne die Genehmigung ist die Unterbringung nur zulässig, wenn mit dem Aufschub Gefahr verbunden ist; die Genehmigung ist unverzüglich nachzuholen.
(3) Der Betreuer hat die Unterbringung zu beenden, wenn ihre Voraussetzungen wegfallen. Er hat die Beendigung der Unterbringung dem Vormundschaftsgericht anzuzeigen.
(4) Die Absätze 1 bis 3 gelten entsprechend, wenn dem Betreuten, der sich in einer Anstalt, einem Heim oder einer sonstigen Einrichtung aufhält, ohne untergebracht zu sein, durch mechanische Vorrichtungen, Medikamente oder auf andere Weise über einen längeren Zeitraum oder regelmäßig die Freiheit entzogen werden soll.

3. Die aktuelle Rechtslage

(1) *Freiheitsentziehung*: Eine freiheitsentziehende Maßnahme i. S. von PsS 1906 BGB ist dann gegeben, wenn der Betroffene auf einer geschlossenen Station eines Krankenhauses oder Heimes leben muß oder durch Einzelmaßnahmen am Verlassen seines Aufenthaltsortes (Heim, Station, Zimmer, Bett, Stuhl) gehindert wird. Der Betroffene muß dabei keinen „vernünftigen" Fortbewegungswillen haben; auch ein sogenannter „Verwirrter" ist Inhaber von Freiheitsrechten.

Eine Freiheitsentziehung liegt jedoch nicht vor,

o wenn die Fortbewegungsfreiheit nicht ausgeschlossen ist, es sich etwa um eine Maßnahme handelt, die den Betroffenen lediglich vor Gefahren schützt, ohne eine willentliche Fortbewegung unmöglich zu machen (Beispiel: Anbringen eines niedrigen Bettgitters, das einen unruhigen Betroffenen zwar vor dem unwillkürlichen Herausfallen schützt, aber eine willentliche Überwindung möglich werden läßt);

o beim Fehlen eines nätürlichen Willens zur Fortbewegung (Beispiel: Patienten in Koma oder körperlich Bewegungsunfähige bei gleichzeitigem Unvermögen, irgendeinen Willen erkennen zu lassen, fehlt es am natürlichen Willen zur Ortsveränderung, auch hier liegt keine Freiheitsentziehung vor);

o bei Unfähigkeit zur Fortbewegung: Auch hier liegt dann eine Freiheitsentziehung nicht vor, wenn der Betroffene auch ohne die Maßnahme nicht in der Lage wäre, sich fortzubewegen (Beispiel: ein Rollstuhlfahrer, der ohne Sitzgurt unwillkürlich aus dem Rollstuhl gleiten würde);

o bei Einwilligung der Betroffenen: Schließlich liegt eine Freiheitsentziehung auch dann nicht vor, wenn der Betroffene mit der freiheitsentziehenden Maßnahme einverstanden ist. Allenfalls bei Bettgittern erlangt die Einwilligung eine praktische Bedeutung, ansonsten wird bei Zwangsmaßnahmen grundsätzlich von Einwilligung nicht ausgegangen werden können, da eine Einwilligung jederzeit formlos auch durch schlüssiges Verhalten widerrufen werden kann.

(2) *Genehmigungspflicht*: Grundsätzlich unterliegen freiheitsentziehende Maßnahme der richterlichen Genehmigungspflicht. Die gilt jedoch nicht für freiheitsentziehende Maßnahmen, die außerhalb von Einrichtungen ergriffen werden, etwa im Rahmen der häuslichen

Pflege (§ 1906 Abs. 4 BGB). Als freiheitsentziehende Maßnahmen kommen die in Übersicht 1 genannten in Betracht.

Nicht zu freiheitentziehenden Maßnahmen gehören die üblicherweise zu einem Heim- oder Krankenhausbetrieb gehörenden Schutzvorkehrungen, etwa das nächtliche Schließen eines Heimes mit Pförtnerbereitschaft etc..

Bei der Gabe von Psychopharmaka kommt es darauf an, ob sie primär therapeutischen Zwecken dienen und als Nebenwirkung den Bewegungsdrang des Betroffenen einschränken, oder aber ob sie primär die Ruhigstellung des Betroffenen bezwecken, sei dies auch aus „therapeutischen" Gründen.

Bei der Gabe von Psychopharmaka über einen längeren Zeitraum und in höheren Dosen ist überdies an die Genehmigungspflicht gemäß § 1906 BGB zu denken.

Handelt es sich bei den fürsorglichen Zwangsmaßnahmen um kurzfristige, die nur Stunden dauern, oder bei denen aufgrund ihres vorübergehenden Charakters bereits zu Beginn der Maßnahme feststeht, daß sie innerhalb kurzer Zeit nicht mehr erforderlich sein werden, so stellen sie keine genehmigungspflichtigen freiheitsentziehenden Maßnahmen dar.

Bei besonders schwerwiegenden, intensiv in die Rechte des Betroffenen eingreifenden Maßnahmen, etwa Fesselung an Händen und Füßen, ist es stets geboten, das Zuständige Vormundschaftsgericht am folgenden Tag zu informieren.

Nach den Empfehlungen des Landes Baden-Württemberg zur Auslegung des § 1906 Abs. 4 BGB stellen drei Tage die äußerste Grenze für kurzfristige Maßnahmen dar.

Kurzfristige Maßnahmen unterliegen auch dann der Genehmigungspflicht, wenn sie regelmäßig erfolgen, etwa Sedierungen stets zur Nacht, wiederholtes Fixieren des Betroffenen immer dann, wenn Unruhezustände auftreten.

(3) *Zulässigkeit von freiheitsentziehen Maßnahmen*: Nach § 1906 BGB ist eine freiheitsentziehende Maßnahme nur dann zulässig, wenn eine krankheitsbedingte erhebliche Gefährdung für Leib und Leben des Betroffenen besteht (ggf. auch zur Durchführung eines ärztlichen Heileingriffs). Vorsorgliche Schutzmaßnahmen ohne akute Gefährdung sind demnach unzulässig. Überdies müssen alle anderen zu Gebote stehenden, weniger in die Rechte des Betroffenen

eingreifenden Mittel gewählt werden, um mögliche Gefährdungen abzustellen[11].

(4) *Das Verfahren*: Ist bereits ein gesetzlicher Betreuer für den Betroffenen bestellt worden, so hat dieser das gerichtliche Verfahren einzuleiten und die freiheitsentziehende Maßnahme durch das Gericht genehmigen zu lassen. Dies gilt auch in den Verfahren nach den Landesunterbringungsgesetzen bei Unterbringung in psychiatrischen Krankenhäusern. Das Gericht wird regelmäßig einen Verfahrenspfleger bestellen, ein Sachverständigengutachten einholen (bei unterbringungsähnlichen Maßnahmen genügt ein ärztliches Zeugnis[12]) und den Betroffenen persönlich anhören.

Ist noch kein gesetzlicher Betreuer bestellt, so hat die Einrichtung, in der sich der Betroffene aufhält, für die vormundschaftsgerichtliche Genehmigung zu sorgen, der Richter wird die unaufschiebbaren Maßnahmen vor Bestellung eines gesetzlichen Betreuers anordnen (§ 1846 BGB).

In Eilfällen bei Gefahr in Verzug, wenn zum Schutz des Betroffenen sofort gehandelt werden muß, können die erforderlichen Maßnahmen freiheitsentziehender Art ohne vorherige Genehmigung des Vormundschaftsgerichts getroffen werden; die Genehmigung ist in diesen Fällen unverzüglich nachzuholen[13].

4. Schlußbemerkung

Fehlende rechtliche Informationen und fachliche Reflexionen sind in vielen – nicht allen – Fällen verantwortlich für die recht weite Verbreitung von freiheitsentziehenden Maßnahmen in Pflegeheimen. Sowohl Wojnar als auch Lotze weisen eindrücklich nach, daß allein durch Information über die Rechtslage, die Einführung detaillierter Pflegedokumentation und die Abhaltung von Fallbesprechungen ein „merklicher" Rückgang von Fixierungen und anderen Maßnahmen zu verzeichnen war; in den untersuchten norddeutschen Pflegeheimen binnen eines Jahres von 475 auf 26 mechanische Fixierungen[14]. Dem Anliegen des Betreuungsgesetzes wird also mehr durch die Entwicklung einrichtungsinterner fachlicher Maßnahmen und Prozeduren als durch Einschaltung der Gerichte Rechnung getragen. Die Bemühung der Gerichte wegen jedes Bettgitters und jeder Fixierung wird formelhaft und gerät nicht selten zur absurden „rechtsstaatlichen" Anhörungssituation und zu schematischer Absegnung fachlich ggf. gar nicht notwendiger Zwangsmaßnahmen. Die Einschaltung der Gerichte ohne vorherige fachliche Überprüfung der zur Diskussion stehenden Zwangsmaßnahmen hat mit Ernstnahme des Betreuungsrechts und den dahinterstehenden Wertungen nichts zu tun und führt rechtsstaatliche Schutzverfahren ad absurdum.

* Dieses in der Zeitschrift „Geriatrie Praxis" (10/1992) und als Sonderdruck erschienene Beitrag ist im Rahmen des hier dokumentierten Vorhabens mit einem Begleitschreiben des Gesundheitsamtes an alle in Heimen tätige Haus- und Fachkräfte in Mannheim verteilt worden (siehe Ausführungen S. 109).

1. Vgl. Landtag von Baden-Württemberg, Bericht des Untersuchungsausschusses „Situation der psychiatrischen Landeskrankenhäuser", DrSache 9/5 120

2. Lotze: Gutachten vom 11.5.1988 für das AG Hamburg

3. Vgl. Krebs-Rubicek/Pöldinger: Geriatrie Praxis 11/1991, S. 26 ff.; Schreiber: FamRZ 1991, 1014 ff.

4. Vgl. Wojnar in: 2. Vormundschaftsgerichtstag, München 1991, S. 89 f.

5. Vgl. Hirsch: Zeitschrift für Gerontopsychologie und -psychiatrie 2/1992 S. 127–135.

6. Vgl. Hirsch: ebd.

7. Lotze: Sozialpsychiatrische Informationen, 4/1988, S. 39 ff.

8. Vgl. Klie: Geriatrie Praxis 1/1992, S. 61 ff.

9. Vgl. Klie: Freiheitsbeschränkende Maßnahmen in der Altenpflege, Rechtsfragen – Rechtspraxis – Rechtsschutz in: RsDE 6/1989, S. 67 ff. m. w. N.

10. Vgl. Bundesminister der Justiz (Hrsg.): Das Betreuungsgesetz in der Praxis, Köln 1992, S. 69

11. Ministerium für Arbeit, Gesundheit, Familie und Frauen Baden-Württemberg: Pflegerische Aspekte und rechtliche Anforderungen beim Umgang mit Verwirrten und psychisch kranken Menschen im Heim, Arbeitshilfe freiheitsbeschränkende und -entziehende Maßnahmen, Stuttgart 1991, S. 67 (die 3-Tagesfrist begegnet unter verfassungsrechtlichen Gesichtspunkten Bedenken).

12. Kann auch vom Hausarzt erstellt werden, § 70e FGG

13. Vgl. Anmerkung 11

14. Vgl. Wojnar [Anmerkung 4]. Im Forschungsprojekt „Freiheitsentziehende Maßnahmen in Heimen" an der Evangelischen Fachhochschule in Freiburg wird derzeit eine vergleichbare Studie durchgeführt, die Ergebnisse werden Anfang 1993 vorliegen.

Literaturverzeichnis

Borutta, M. 1994: Fixierung in der Pflegepraxis. Hannover 1994.

Braun, U./Halisch, R. 1989: Pflegeplanung als Arbeitsstil. Hannover 1989.

Bundesministerium für Familie und Senioren 1992: Studie zur Situation von Pflegebedürftigen im Heim. Bonn 1992.

Dahlem, O./Giese, D./Igl, G./Klie, Th. 1993: Heimgesetz Kommentar Loseblattsammlung. Köln, Stand 7/1994.

Diessenbacher, H./Schüller, K. 1993: Gewalt in Altenheimen. Freiburg 1993.

Dörner, D. 1989: Die Logik des Mißlingens. Reinbek 1989.

Drerup, E. 1990: Modelle der Krankenpflege. Freiburg 1990.

Görres, S. 1992: Qualitätszirkel in der Alten- und Krankenpflege. In: Deutsche Krankenpflegezeitschrift 5 (1992), S. 337 ff.

Grond, E. 1991: Pflegende sollen ihre Gewalt aussprechen. In: Altenpflege 16 (1991), S. 407 ff.

Grond, E.: Geklärte Bedingungen mindern Gewalt. In: Altenpflege 16 (1991), S. 529 ff.

Grond, E. 1993: Gegen das stumpfsinnige Schweigen – der Umgang mit apathischen Bewohnern stellt hohe Anforderungen an Pflegende. In: Altenpflege 17 (1993), S. 27 ff.

Harris, R. 1993: Standardentwicklung in der Heimbetreuung am Beispiel England. In: Klie, Th./Titz, K. (Hg.): Aufbruchstimmung in der Heimaufsicht. Frankfurt 1993, S. 19 ff.

Hirsch, R. D. 1994: Gefährdete Freiheit in der Gerontopsychiatrie. (Unveröffentlichtes Manuskript; erschienen in: Braun, H./Klie, Th./Kohnert, M./Lüders, J.: Zukunft der Pflege. Hamburg 1994

Hirsch, R.-D. 1992: Fixierungen: Zu viel, zu häufig und im Grunde genommen vermeidbar. In: Zeitschrift für Gerontopsychologie und -psychiatrie 2 (1992), S. 127 ff.

Hollweg, T. 1994: Freiheitsbeschränkung und Freiheitsentziehung in Altenpflegeheimen. (Diplomarbeit Fachbereich Psychologie. Universität Marburg), Marburg 1994.

Holzhauer, H. 1992: Der Umfang gerichtlicher Kontrolle privatrechtlicher Unterbringung. In: Familie und Recht 3 (1992), S. 249 ff.

Klie, Th. 1988: Heimaufsicht – Praxis, Probleme, Perspektiven. Hannover 1988.

Klie, Th. 1989: Freiheitsbeschränkende Maßnahmen in der Altenpflege, in: RsDE 6 (1989), S. 67 ff.

Klie, Th. 1991: Heimaufsicht als Ritual? In: Altenheim 30 (1991), S. 420 ff.

Klie, Th. 1993: Welches Richterbild entspricht dem Betreuungsgesetz? In: Vormundschaftsgerichtstag e. V. (Hg.): Dritter Vormundschaftsgerichtstag – Materialien und Ergebnisse. Köln 1993, S. 33 ff.

Klie, Th. 1993: Müssen risikoreiche Heilbehandlungen bei „Verwirrten" immer genehmigt werden?, in: Geriatrie Praxis 5 (1993), 11, S. 39 ff.

Klie, Th./Titz, K. (Hg.) 1993: Aufbruchstimmung in der Heimaufsicht. Frankfurt 1993.

Knobling, C. 1985: Konfliktsituationen im Altenheim – eine Bewährungsprobe für das Pflegepersonal. Freiburg 1985.

Krohwinkel, M. (Hg.) 1992: Der pflegerische Beitrag zur Gesundheit in Forschung und Praxis. Baden-Baden 1992.

Lotze, J. 1989: Gutachten. In: Schumacher, K./Jürgens, A./Mahnkopf, J. (Hg.): Erster Vormundschaftsgerichtstag – Materialien und Ergebnisse. München 1989, S. 48 ff.

Lotze, J. 1988: Über das Fesseln von Verwirrten alten Menschen. In: Sozialpsychiatrische Informationen 4 (1988), S. 39 ff.

Ministerium für Arbeit, Gesundheit, Familie und Frauen 1991: Pflegerische Aspekte und rechtliche Anforderungen beim Umgang mit verwirrten und psychisch kranken Menschen im Heim. Arbeitshilfe. Stuttgart 1991.

Rotter, F. 1983: Rechtliche Kontrolle und Subkultur psychosozialer Versorgung – zur Brückenfunktion von Grundrechten. In: Crefeld, W. (Mitverf.): Recht und Psychiatrie. Rehburg 1983, S. 86 ff.

Schneider, H.-D. 1994: Gewaltfreiheit als Prozeß. In: Altenheim 1 (1994), S. 8 ff.

Stadt Münster 1993: Aufgabenfeld Heimaufsicht. Dokumentation: Aufgabenwahrnehmung der städtischen Heimaufsicht. Münster 1993.

Stemmle, D. (Hg.) 1992: Marketing im Gesundheits- und Sozialbereich. Einführung und Grundlagen für die Praxis. Zürich 1992.

Von Eicken, B./Ernst, E./Zenz, G. 1990: Fürsorglicher Zwang. Köln 1990.

Wojnar, J. 1991: Problemfälle der geriatrischen Pflege. In: Vormundschaftsgerichtstag e. V. (Hg.): Zweiter Vormundschaftsgerichtstag – Materialien und Ergebnisse. München 1991, S. 85 ff.

Autoren

Thomas Klie, geboren 1955 in Hamburg, Studium der Rechtswissenschaft, evangelischen Theologie und Soziologie. Assessor jur., Doktor jur.. Seit 1988 Professor an der Evangelischen Fachhochschule für Sozialwesen in Freiburg. Mitarbeit in der Kontaktstelle für praxisorientierte Forschung an der EFH. Forschungsschwerpunkt im Bereich der sozialen Gerontologie und Rechtstatsachenforschung.

Uwe Lörcher, geboren 1960 in Pforzheim, Studium der Sozialarbeit. Seit 1990 wissenschaftlicher Mitarbeiter an der Kontaktstelle für praxisorientierte Forschung e. V. an der Evangelischen Fachhochschule Freiburg.

Hartmut Dießenbacher
Kirsten Schüller
Gewalt im Altenheim
Eine Analyse von Gerichtsakten
1993, 120 Seiten, kart.lam.,
DM 22,– / öS 172,– / sFr 23,30
ISBN 3-7841-0659-5

Was wissen wir über heiminterne Pflegegewalt? Im Mittelpunkt dieser Studie stehen vier Gerichtsakten. Sie werden erstmals analysiert und veröffentlicht. Obwohl der Gewaltakt immer von Menschen ausgeübt wird, zeigt das Studium dieser Akten, daß das Verhalten der MißhandlerInnen weder von der Pflegebeziehung noch von der Institution, in der gepflegt wird, getrennt werden kann.

Entwickelt wird eine allgemeine Theorie der Lohnpflege. Es wird gezeigt, was Lohnpflege in einer Pflegebeziehung ist und wie aus ihr Lohnpflegegleichgültigkeit entstehen muß. Schließlich, wie nicht ausgeübte kollektive Lohnpflegemacht die natürliche Lohnpflegemacht „auflädt", und diese sich in Pflegegewalt verwandeln kann.

Der letzte Teil formuliert Interpretationen für eine selbstreflexive Praxis: Pflegegewalt zwischen Täterhaß und Mitwissergleichgültigkeit; pragmatische Handlungsregeln zur Gewaltprophylaxe in der Heimpflege.

Lambertus-Verlag GmbH, Postfach 1026, D-79010 Freiburg

Cornelia Knobling
**Konfliktsituationen
im Altenheim**
Eine Bewährungsprobe
für das Pflegepersonal
4. Auflage 1993,
302 Seiten, kart.lam.,
DM 28,– / öS 219,– / sFr 29,30
ISBN 3-7841-0292-1

Trotz aller Rede von ambulanten und teilstationären Diensten bleibt die stationäre Altenhilfe unverzichtbar, und vor allem werden Antworten auf die Frage nach der Qualität dieser Einrichtungen immer dringlicher.

Die Autorin beschreibt die Lebensqualität in den Alten- und Pflegeheimen anhand von Konfliktsituationen, und zwar aus der Sicht pflegebedürftiger HeimbewohnerInnen und aus der Sicht junger AltenpflegerInnen, zieht Konsequenzen im Blick auf Anforderungsprofile an professionelle HelferInnen und begründet „interaktive Kompetenz" als Ziel von Aus- und Fortbildung.

 Lambertus-Verlag GmbH, Postfach 1026, D-79010 Freiburg